Die Harz-Geschichte

Ein Stück Geschichte Mitteleuropas

Band 1

Von seiner geologischen Entstehung
bis zum Ende
der Völkerwanderungszeit

Bernd Sternal
Lisa Berg

Sternal Media

Bibliografische Information der Deutschen Nationalbibliothek
Die Deutsche Nationalbibliothek verzeichnet diese Publikation in der Deutschen Nationalbibliografie; detaillierte bibliografische Daten sind im Internet über dnb.d-nb.de abrufbar.

Impressum:

Herausgeber: Verlag by Sternal – Media, Gernrode
Lektorat: Ulrich Herrmann
Gestaltung und Satz: Lisa Berg, Sternal Media, Gernrode
www.sternal-media.de
www.harz-urlaub.de
Zeichnungen und Einband: Lisa Berg
1. Auflage Mai 2011
ISBN: 9-783-8423-4263-7
Herstellung und Verlag:
Books on Demand GmbH, Norderstedt

Inhalt

Einführung

Wer bei klarem Wetter auf Deutschlands nördlichstem Gipfel, dem Brocken steht und über die strukturierten Täler und Berge des Harzwaldes in die umgrenzenden Tiefebenen schaut, spürt die Einzigartigkeit dieses Landstrichs.

Etwa 500 Millionen Jahre hat es gedauert, bis sich der Harz mit seinen Vorlanden zu dem entwickelt hat, was das Auge des Betrachters heute erfreut. „Silva Hercynia“ wie der Harz in der alten Geographie genannt wurde, ist eine inselartige Gebirgsmasse und liegt zwischen 51 Grad 28′ und 51 Grad 51′ nördlicher Breite und zwischen 10 Grad 10′ und 11 Grad 26′ östlicher Länge von Greenwich. Der Harz ist 95 Kilometer lang und seine größte Breite beträgt 34 Kilometer. Er bedeckt eine Fläche von 2468 Quadratkilometern und hat eine durchschnittliche Höhe von 442 Metern über Normalnull. Sein höchster Gipfel, der Brocken, ist 1141 Meter hoch. In seiner geologischen Zusammensetzung zeigt der Harz eine Vielfältigkeit, wie kein anderes Gebirge im mitteleuropäischen Raum. Der große Harzgeologe K. A. Lossen schrieb dazu 1889: „Der Harz gilt nach Heinrich von Dechens erprobtem Urteil seit Anbeginn der Geologie als ein Kleinod unter den Gebirgen der Erde und wird, wie ich hinzusetze, diesen Rang stets behaupten. Denn in ihm hat uns der Schöpfer das Buch der Natur in knapper, modellklarer und meisterhaft vollendeter Form, überreich an Inhalt „aufgeschlagen“. Westlich erstreckt er sich bis Osterode, Gittelde und Seesen; östlich bis Sangerhausen, Mansfeld und Hettstedt; im Norden sind die Städte Goslar, Ilsenburg, Wernigerode, Blankenburg, Thale, Gernrode und Ballenstedt und im Süden Herzberg, Bad Lauterberg, Bad Sachsa, Ellrich und Nordhausen die Begrenzungen. Geologisch und geografisch gesehen bildet der Harz - also das Harzgebirge - eine selbständige Einheit. Aber so eng kann und will ich das nicht sehen, denn historisch, kulturell und auch wirtschaftlich bildet das Gebirge mit seinem Vorland eine Einheit. Die hervorgehobene Lage des Harzgebirges, einer Bastion gleichend und die norddeutsche Tiefebene unterbrechend, erkannten schon unsere Vorfahren in vorgeschichtlicher Zeit.

Diese Erkenntnis in alter Zeit schuf eine außergewöhnliche Kulturlandschaft. Im Laufe der Jahrhunderte zog eine Vielzahl von Völkern am Harz vorbei oder ließ sich nieder, wurde wieder vertrieben, zog aus uns unbekannten Gründen weiter oder verschmolz mit anderen Völkern.

Sie alle haben in der Harzregion die Spuren ihrer Kulturen hinterlassen. Wobei sich diese, für die vorgeschichtliche Zeit, ungewöhnlich starken Sied-

lungsaktivitäten nicht nur auf die exponierte Lage des Harzgebirges zurückführen lassen. Auch die reichen Naturschätze, wie Wasser, Holz, Pflanzen- und Wildreichtum sowie der Reichtum an verschiedensten Erzen und Rohstoffen dürfte dafür mit entscheidend gewesen sein. Diese Spuren beginnen in der Eiszeit, setzen sich ununterbrochen durch die Steinzeit, die Bronze- und Eisenzeit, die Römerzeit, die Völkerwanderungszeit und das Mittelalter bis heute fort. Wir finden Spuren von Menschen der unterschiedlichsten Kulturen, von Flora und Fauna aus zahlreichen geologischen Epochen, von den verschiedensten vorgeschichtlichen Kulturen – von Neandertalern, Linienbandkeramikern, Schnurkeramikern, Glockenbecherleuten und vielen anderen mehr, von den Römern und deren Legionen, von den germanischen Stammesverbänden der Cherusker, Langobarden, Hermunduren, Chatten und anderen, von Thüringern, Sachsen und Schwaben, von Karl dem Großen und seinen Franken, von den Ottonen über die verschiedensten regionalen Harzer Grafengeschlechter, bis hin zu den Fürstenhäusern der Welfen und Anhalter. Auch bedeutende Künstler und Gelehrte wie Goethe, Schiller, Heine, Gleim, Klopstock, Novalis, Leibniz, Robert Koch, Telemann und Riemenschneider, um nur einige zu nennen, haben ihre Spuren hinterlassen. Vielleicht sogar Varus, der Römische Feldherr und Arminius der Cheruskerfürst sowie die Helden der Nibelungensaga - Sigfrid und Brunhild. Diese Wiege deutscher Kultur kennen zu lernen und zu ergründen, stellt einen wichtigen Baustein dar, die deutsche Kulturgeschichte als Ganzes zu verstehen. Allgemeinverständlich soll die vorliegende Abhandlung gleichermaßen für alle Interessengruppen eine Brücke schlagen. Der Leser erhält sowohl Informationen sachkundiger Art, aus alten, schwer zugänglichen Quellen, wie auch zum aktuellen wissenschaftlichen Erkenntnisstand. Den wenigsten Lesern dürfte bekannt sein, dass der Harz zu den an Burgen, Schlössern und Klöstern reichsten Landschaften Europas und der Erde zählt. Auch, dass der Harz von zirka 1000 vor Christus bis ins 16. Jahrhundert, also über 2.600 Jahre, von entscheidender strategischer Bedeutung für die Entwicklung unseres Volkes war, ist weitgehend unbekannt.
Um dem interessierten Leser die Kulturgeschichte der Harzregion näher zu bringen und die ihr zustehende Würdigung zukommen zu lassen, entstand dieses Werk.

Viele haben mir dabei geholfen, die ich hier nicht alle nennen kann. Dank möchte ich aber meinen beiden Mitarbeiterinnen Heike Heindorf und Heike Schulze sowie Wolf Schulze sagen und ganz besonders Dr. Friedhart Knolle. Expertenunterstützung habe ich auf herausragende Weise von Dr. Hans-Joachim Franzke, Prof. Dr. Carsten Brauckmann, Dr. Elke Gröning, Dr. Lothar Klappauf und Dr. Ludger Feldmann erhalten. In diesem Werk sind sowohl alte, wie auch neue wissenschaftliche Erkenntnisse über die Besiedlungsgeschichte des Harzes aufgenommen, die bisherige Theorien ergänzen, vervollständigen und versuchen, ein erweitertes Geschichtsbild zu zeichnen.

Auch die reiche Welt der Harzer Sagen, Mythen und Legenden findet Eingang in dieses Buch, denn sie ist Bestandteil der Geschichte dieser Region und prägt sie bis heute. Diese Überlieferungen aus alter Zeit beinhalten einen gewissen Realitätsanspruch und Wahrheitsgehalt, der in eine Erzählung eingebunden ist. Auch wenn es bisher der Wissenschaft oft noch nicht möglich war diesen Wahrheitsgehalt zu extrahieren, so kann er nicht pauschal von der Hand gewiesen werden.

Besonders hilfreich war das Internet, ohne dessen Möglichkeiten dieses Werk sicher nicht hätte geschrieben werden können. Auch erhebe ich keinen Anspruch auf Vollständigkeit sowie „absolute“ Richtigkeit meiner Darlegungen, denn dieses Buch erhebt nicht den Anspruch eines wissenschaftlichen Werkes. Es ist geschrieben wurden für Heimatinteressierte und Gäste, in knapper und hoffentlich unterhaltsamer Art, denn sonst hätten es mehrere Bände werden müssen.

Darum hoffe ich auf faire Kritiken meines Werkes von Fachleuten wie auch von Laien und bin aufgeschlossen für jede Anregung, jeden Hinweis, jedes Faktum sowie insbesondere für weiteres Quellenmaterial, das dann in einer neuen Auflage Eingang finden wird.

Bernd Sternal

Gernrode, April 2011

210 Mio
200 Mio
140 Mio
Jura
100 Mio
Kreide
65 Mio
Tertiär
2,6 Mio
Eiszeit
1,7 Mio
2,7 Mrd
Steinzeit
2000 v. Chr.
Bronzezeit
Ur- und Frühgeschichte
Eisenzeit
800 v. Chr.
Römische Kaiserzeit
27 v. Chr.
Völker-wanderungszeit
400
Früh-
Hoch-
Mittelalter
500
900
1250

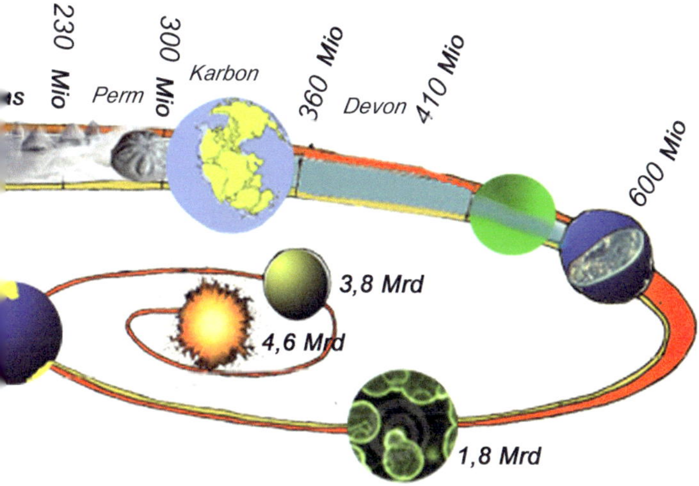

Der Harz Heute

Ein geschichtlicher Überblick

Damit die geschätzten Leser bei den in Folge beschriebenen geologischen und geschichtlichen Zeitabschnitten nicht den Überblick verlieren, möchte ich zunächst eine allgemeine Zeittafel als Orientierung geben.

in Jahren	Zeitalter	Ereignis
4 - 5 Milliarden		geschätztes Alter der Welt
4 Milliarden		älteste bekannte Gesteine und Lebensspuren
1 Milliarde – 600 Mio.	Präkambrium	Plattentektonik
500 Mio.	Kambrium	Entfaltung des Lebens
400 Mio.	Silur	Fische, Landflora
300 Mio.	Devon	
200 Mio.	Perm-Trias	Amphibien
100 Mio.	Kreide	
bis 60 Mio.	Obere Kreide	Zeit der Saurier
50 - 30 Mio.	Eozän	Beuteltiere, Säugetiere, Vögel
30 Mio.	Oligozän	
20 Mio.	Miozän	
10 - 2 Mio.	Pliozän	Hebung der Alpen, Abkühlung
2 - 1 Mio.	Beginn der Eiszeit	mutmaßlicher Beginn der Entwicklung der menschlichen Art in Afrika
700 - 200.000	Mittel- und Altpaläolithikum	
100 - 50.000	Jungpaläolithikum	Neandertaler
90 - 30.000	Paläolithikum (Altsteinzeit)	
40.000		Moderner Mensch
30 - 5.500	Mittlere Steinzeit	Absinken des Meeresbodens der Nordsee, Ende der skandinavischen Vereisung, Beginn der Hochkulturen
5.5 - 2000 v. Chr.	Jungsteinzeit	

in Jahren	Ereignis
3000 v.Chr.	Beginn Pyramidenbau Sumerer und Mesopotamien
2528 v.Chr.	Tod Cheops
2500 v.Chr.	Kreta wird Hochkultur; Induskultur in Nordwestindien; Gründung der ersten Dynastie von Ur
2000 v.Chr.	Anfänge Chinas Ägypten mittleres Reich -Theben Beginn der Indogermanischen Wanderungen Zerstörung von Ur
1686 v. Chr.	Babylonien
1400 v. Chr.	Blütezeit der Shang Dynastie in China
1337 v. Chr.	Ägypten, König Tutanchamun ermordet
1200 v. Chr.	Dorische Wanderungen, Griechenland
1012 u. 1004 v. Chr.	Saul und dann David werden Könige von Israel
um 1000 v. Chr.	Trojanischer Krieg
814 v. Chr.	Gründung Karthagos
um 800 v. Chr.	Beginn der Kämpfe zwischen Kelten und Germanen
776 v. Chr.	Beginn der Olympischen Spiele
753 v. Chr.	Legendäre Gründung Roms
599 v. Chr.	Glaukos erfindet in Griechenland die Lötkunst
550 v. Chr.	Gründung des Persischen Weltreichs
509 v. Chr.	Gründung der Römischen Republik
371 v. Chr.	Theben
323 v. Chr.	Tod Alexander des Großen
264 v. Chr.	1. Punischer Krieg
218 v. Chr.	2. Punischer Krieg
183 v. Chr.	Hannibal begeht Selbstmord
149 v. Chr.	3.Punischer Krieg
120 v. Chr.	Wanderung der Kimbern und Teutonen
73 v. Chr.	Sklavenaufstand unter Spartakus
49 v. Chr.	Julius Cäsar wird Alleinherrscher
44 v. Chr.	Tyrannenmord an Cäsar
38 v. Chr.	Die Römer gründen Oppidum Ubiorum, das spätere Köln.
27 v. Chr.	Octavius wird erster römischer Kaiser und nennt sich Augustus

in Jahren	Ereignis
15 v. Chr.	Feldherr Nero Claudius Drusus dringt in das nördliche Alpenvorland vor und errichtet ein Legionskommando in Augsburg
11 v. Chr.	Drusus, der römische Stadthalter der drei gallischen Provinzen, besiegt die Chatten, Sweben und Markomannen und verwüstet das Land der Cherusker bis zur Elbe; die Linie Rhein, Main, Weser, Maas lässt er durch Kastelle sichern; die Römer schieben ihre Grenze bis zur Elbe vor;
5 n. Chr.	Tiberius, römischer Feldherr und designierter Nachfolger von Kaiser Augustus besiegt die Langobarden an der Mündung der Elbe und drängt sie auf das Ostufer der Elbe zurück
9 n. Chr.	Varusschlacht
14 n. Chr.	Tod von Augustus, Tiberius wird Kaiser
15 n. Chr.	Feldzüge des Germanicus in Germanien, Bestattung der Gebeine der in der Varusschlacht gefallenen Römer
41 n. Chr.	Der römische Feldherr kämpft zwischen Ems und Elbe mit den Chauken, die Unterwerfung misslingt.
64 n. Chr.	Rom in Flammen, Kaiser Nero gibt den Christen die Schuld
um 70 n. Chr.	Neues Testament wird verfasst
83 n. Chr.	Anfänge des germanischen Limes
um 100	Der griechische Mathematiker und Ingenieur Heron beschreibt Zahnradgetriebe und Automaten.
um 105	Der Eunuch Tsai Lun erfindet in China das Papier.
um 115	Tod des römischen Geschichtsschreibers Tacitus
166	Erster Markomannenkrieg
177	Zweiter Markomannenkrieg
179	Der römische Kaiser Mark Aurel gründet Regensburg.
233	Der obergermanische Limes wird von den Alamannen durchbrochen und von den Römern dann aufgegeben.
293	Einführung der Tetrarchie im Römischen Reich

in Jahren	Ereignis
325	Christliches Glaubensbekenntnis des römischen Kaisers Konstantin der Große , terminliche Festlegung des Osterfestes
375	Beginn der zweiten germanischen Völkerwanderung
395	endgültige Teilung des Römischen Reiches
429	Gründung des Vandalenreiches
445	Attila wird König der Hunnen
475	Gründung des Königreichs Rheinfranken
526	Tod des Ostgotenkönigs Theoderich der Große, um den sich später fälschlicherweise zahlreiche Sagen ranken (Dietrich von Bern)
622	Der Prophet Mohammed wandert von Mekka nach Medina aus, Beginn der Islamischen Zeitrechnung
627	Das Reich von Byzanz entsteht.
653	Kalif Othman lässt den Koran, die Heilige Schrift der Moslems, zusammenstellen
706	älteste Steinkirche Deutschlands, Marienkapelle in Würzburg wird erbaut
771	Karl der Große wird König im Frankenreich
800	Karl der Große wird zum Kaiser gekrönt, das abendländische Kaisertum der Franken entsteht, das auch das Harzgebiet umfasst; Beginn der Christianisierung in der Harzregion

Weitere Fakten und Jahreszahlen finden sie im Anhang unter der Rubrik „Der Harz in Jahreszahlen“.

Geologisch-geomorphologischer Überblick über den Harz und seine Randgebiete

Viele Millionen Jahre hat es gedauert, bis eine der anziehendsten Landschaften Deutschlands entstanden ist. Diese Entstehungsgeschichte ist spannend wie ein guter Krimi, hat sie doch, sofern man ihr mit offenen Augen und Ohren begegnet, überall ihre „Indizien“ hinterlassen.

Man könnte den Harz und seine Vorlande durchaus als gesegnete Landschaft bezeichnen: Ein grünes Gebirge, Holz, Wasser und Erze und ein fruchtbares Vorland, „gebaut“ unter anderem auf dicken Salz- und Kohleflözen. Die Harzregion gilt außerdem als eine der sichersten Regionen in Mitteleuropa, was Wetter- und Klimakapriolen sowie geologische Verheerungen betrifft: keine Tsunamis, keine tropischen Wirbelstürme, keine ausdauernden Trockenperioden und keine Erdbeben, keine Vulkanausbrüche, ein Land wie in „Gottes Schoß“.

Aber zurück zu den Anfängen!

Dazu müssen wir einen Zeitsprung machen, zurück zunächst zirka 500 Millionen Jahre. In dieser Zeit, Kambrium genannt, gab es den Harz noch längst nicht. Unser Gebiet lag damals weit im Süden, fast schon in der Polarregion und war vom Meer bedeckt, in dem eine Vielzahl von urtümlichen Meeresbewohnern lebten, wie zum Beispiel die Dreilapper (Trilobiten) und Armfüßer. Nun unternehmen wir einen weiteren Zeitsprung, zurück ungefähr 320 Millionen Jahre, in eine Zeit, welche die Geologen Karbon nennen. Man geht davon aus, dass die Landmassen der Erde damals im Wesentlichen zu zwei Superkontinenten zusammen geschoben waren, Gondwana und Laurasia.

Im ausgehenden Erdaltertum (Paläozoikum), genauer in der Zeit des Ober-Perm vor 250 Millionen Jahren wuchsen diese Urkontinente zum Riesenkontinent Pangäa zusammen. Umgeben wurde Pangäa vom Riesenozean Panthalassa, während dieser Zeit nun knapp nördlich des Äquators.

Gondwana

Pangäa

Durch plattentektonische Vorgänge zerbrach Pangäa im Jura vor etwa 150 Millionen Jahren wieder. Die früheren beiden Großkontinente Gondwana und Laurasia entstanden zunächst neu und durch weitere plattentektonische Vorgänge begannen sich in der Kreidezeit vor etwa 135 Millionen Jahren allmählich die heutigen Kontinente heraus zu formen.

Die Theorie der Kontinentalverschiebung, heute Plattentektonik genannt, ist das Verdienst des deutschen Meteorologen, Geophysikers und Polarforschers Alfred Wegener (von 1870 bis 1930). Leider konnte Wegener zu Lebzeiten den Ruhm seiner Erkenntnisse nicht mehr ernten. Erst seit den 1970er Jahren gilt die Plattentektonik als allgemein anerkannt. Inzwischen ist durch Lasermessungen erwiesen, dass sich der Eurasische und der Amerikanische Kontinent pro Jahr um 3 Zentimeter voneinander entfernen.

Unser Gebiet befand sich in der Kreidezeit nun schon deutlich nördlich in der Nähe des Äquators, aber noch längst nicht in heutiger Breitenlage.

Vom Kambrium bis zur Steinkohlenzeit (Unter- Karbon) war das Gebiet des späteren Mitteleuropas von einem Meer bedeckt. Dessen Boden war vor allem im Devon und Unter-Karbon stark gewellt und in einzelne Becken und Schwellen gegliedert. Von den Landmassen wurden Verwitterungsprodukte in das Meer geschwemmt, die sich auf Grund dieser Strukturierung des Bodens unterschiedlich ablagerten; vorrangig sammelten sie sich in den Becken. Dort bildeten sich mächtige Gesteinsschichten, während sich auf den Schwellen nur geringmächtige Schichtfolgen ablagerten.

Aus diesen Ablagerungen entstanden im Unter-Karbon unter anderen die harztypischen Gesteine wie: Grauwacke, Tonschiefer, Kieselschiefer und Lydite.

Während der Steinkohlenzeit (Karbon 360 bis 300 Millionen Jahre) verstärkte sich die Variskische Gebirgsbildung. Der Begriff variskisch (oder variszisch, varistisch) leitet sich ab von dem germanischen Stamm der Varisker (im heutigen Vogtland) und bezeichnet die jüngste Gebirgsbildung des Erdaltertums. Die Art und die Intensivität der Faltungen hingen im Wesentlichen von den einzelnen Gesteinsarten ab. So konnten Kieselschiefer und Tonschiefer zum Beispiel sehr eng gefaltet werden, wogegen massive Kalkablagerungen oft in sehr weiten Falten verbogen wurden. Im Südostteil des Harzes wurden die Gesteine durch gewaltigen Druck und sehr hohe Temperaturen stark umgewandelt.

Gegen Ende der Variskischen Gebirgsbildung traten flüssige Magmen auf. Nach Abkühlung und Erstarrung in größerer Tiefe entstanden die Granitmassive, die wir heute als Brocken und Ramberg bezeichnen. Die Magmen durchdrangen als Vulkan- oder Ganggesteine auch Sedimentgesteine oder suchten sich ihren Weg in Gesteinsspalten und -klüfte. So entstanden die ältesten Vererzungen (Wolframit im Ramberggebiet) und Hämatit-Manganoxide im Ilfeld-Becken (Rotliegend) sowie die mächtigen Quarzgänge am Elfenstein bei Bad Harzburg. Später dann, vor 200 bis 100 Millionen Jahren, setzten sich unter Einwirkung von Gasen und wässrigen Lösungen, die stark erhitzt wurden, in den Spaltensystemen des Gebirgsinneren verschiedenste Erze ab. Es waren vor allem Silber, Blei, Eisen, Kupfer und Flussspat, die die Grundlage für den späteren umfangreichen Bergbau bildeten.

Nach dem Ende der Variskischen Gebirgsbildung wurde das Gebirge im Gebiet des heutigen Harzes durch Abtragung zunehmend eingeebnet, blieb aber über einen längeren Zeitraum vornehmlich Festland. Über den alten Gesteinsschichten des älteren Erdaltertums lagerten sich nun im Unter-Perm festländisch geprägte Gesteinsschichten wie Sandstein und Tonsteinschichten des Trias ab.

Es folgte im Ober-Perm, vor zirka 255 Millionen Jahren, die Zechsteinzeit, in der ein großes Meer von Norden her in das heutige Mitteleuropa eindrang und auch das Harzgebiet erreichte. Durch Eindampfung dieses nördlich des Äquators gelegenen Meeres lagerten sich mächtige Sedimentfolgen ab, darunter Salzgesteine wie Steinsalz und Gips von bis zu vierhundert Metern Mächtigkeit.

Salzmassen reagieren auf Druck plastisch und sind daher zu späteren Zeiten zu den in Norddeutschland häufigen Salzstöcken aufgestiegen. An solche Salzstöcke sind oft auch Erdölvorkommen gebunden.

Im Jura, also vor rund 200 bis 140 Millionen Jahren, war unser Gebiet wieder einmal weitgehend vom Meer bedeckt. Gegen Ende der Jurazeit mehrt sich in Norddeutschland festländischer Einfluss. Erst in der jüngeren Kreidezeit, vor rund 90 Millionen Jahren, setzte die Heraushebung des Harzes als eine Auswirkung erster Anzeichen der Alpidischen Gebirgsbildung ein, welche in Europa vor allem die Alpen auffaltete. Nördlich der Alpen, auch in Norddeutschland, entstanden dabei riesige, pultartig schräg gestellte Schollen, worauf die Bezeichnung Bruchschollenlandschaft zurückgeht. In der Kreidezeit und im Tertiär (Braunkohlenzeit) bildeten sich dann allmählich auch die Umrisse des Harzgebirges heraus. Die Hebung dieses Gebirges beeinflusste auch stark die Gestaltung des Harz-Umlandes.

Die Scholle des Harzgebirges wurde in dieser Zeit besonders stark im Nordwesten emporgehoben, im Osten dagegen erheblich weniger, weshalb man von einer Pultscholle spricht. Am Nordrand, von Langelsheim bis Ballenstedt, bildete sich eine markante Störung, an der die Schichten des Erdmittelalters (Mesozoikum) im nördlichen Harzvorland aufgerichtet und teilweise überkippt wurden. Am Südrand dagegen ist der Bau weniger spektakulär. Dort taucht das gefaltete Grundgebirge ab und wird von den jüngeren, ungefalteten Deckschichten überlagert. Am Ostrand fehlen größere Störungen vollkommen, sodass sich der Übergang zum Vorland allmählich vollzieht.

Im Tertiär, das man auch Braunkohlenzeit nennt, herrschten in unserem Harzgebiet tropische und subtropische Klimabedingungen. In dieser Erdgeschichts-Periode wurde auch die Oberflächengestalt unseres Gebirges geprägt. Im warmen und sehr feuchten Klima fanden Verwitterungs- und Abtragungsprozesse statt, die sich grundlegend von den heutigen unterscheiden und zu einer tiefgründigen chemischen Zersetzung des Gesteins führten. Tonschiefer verwitterte zu Graulehm, Grauwacken zu sandigem Lehm, selbst harte und widerstandsfähige Gesteine wie Kieselschiefer und Lydite wurden zum Teil bis in einige Meter Tiefe angegriffen und zersetzt. Diese Bodenbildung wurde jedoch zu einem Großteil von der Abtragung erfasst. Besonders beeindrukkend sind diese starken Verwitterungserscheinungen an den Granitmassiven des Harzes zu erkennen. So können wir noch heute am Brocken- und Rambergmassiv mächtige Verwitterungsprofile bewundern.

Sumpfwald in der Steinkohleperiode gezeichnet von Lisa Berg - frei nach Hugo Wolff-Maage

Im Tertiär dann, vor zirka 45 Millionen Jahren, schritt die Alpidische Gebirgsbildung weiter voran. Das Meer, das in der Kreidezeit noch das Harzgebiet umspült hatte und etwa bis zur schwedischen Küste reichte, zog sich nun bis zum Nordseeraum zurück. Zu dieser Zeit wurden durch den Rückzug des Wassers erstmals die Landkonturen erkennbar, wie wir sie in etwa heute kennen.

Der Harz war zu Beginn des Tertiär nicht mehr als ein großes, flaches Hügelland, dass seine Vorlande kaum überragte. In den Niederungsgebieten und Senken des Vorlandes, besonders im Norden, entstanden riesige Waldmoore, in denen unter tropischen und subtropischen Klimabedingungen die Braunkohlewälder wuchsen. Wenn die Pflanzen nach ihrem Absterben unter Luftabschluss zersetzt wurden, bildeten sich daraus mächtige Braunkohlenschichten.

Die Gebirgsbildung schritt seit dem Miozän (zirka seit 25 Millionen Jahren) langsam aber stetig voran und erhielt zum Ende des Tertiär, in dem der Eiszeit vorangehenden Zeitabschnitt des Pliozän (zirka 5,3 bis 2,6 Millionen Jahre) eine neue tektonische Belebung.

Dies war dann auch die Zeitspanne, in der sich die Attraktivität der Harzlandschaft, mit seinen tiefeingeschnittenen und steilwandigen Tälern, herauszubilden begann.

Die Ursache für die Herausbildung dieser prägnanten Harzer Täler, liegt neben der tektonischen Hebung im Wesentlichen an der Veränderung des Klimas. Es wurde kühler und starke Niederschläge begünstigten das Einschneiden der Flüsse in das Harzgebirge.

Resultierend aus dieser 500 Millionen Jahre langen geologischen Entstehungsgeschichte des Harzes stehen an dessen Oberfläche unterschiedlichste Gesteine an. Es überwiegen basenarme Gesteine wie Tonschiefer, Grauwakken und Granit. Aber auch bedeutende Kalksteinvorkommen sind zu verzeichnen. Tonschiefer besteht, wie das Wort besagt, aus plattigen Tonmineralen. Unter großem, gerichteten Druck und hohen Temperaturen wurden diese im Tongestein eingelagert und zu einem dichten, geschieferten Gestein, dem Tonschiefer, zusammengepresst. Tonschiefer kann in den verschiedensten Farben und Farbvarianten, von schwarz über bräunlich, bläulich, grünlich, gelblich bis zu violetten Farben vorkommen. Maßgeblich dafür ist die Farbe des ursprünglichen Tons. Aber auch ungeschieferte Tonvorkommen sind rings um den Harz verbreitet.

Leben im Muschelkalkmeer gezeichnet von Lisa Berg - frei nach Hugo Wolff-Maage

Grauwacke ist ein typisches Harzgestein, schon sein Name stammt aus der Harzer Bergmannssprache. Als Grauwacke bezeichnet man graue bis graugrüne unreine Sandsteine, in denen unterschiedliche Gesteinstrümmer aus Quarzit, Phyllit oder Tonschiefer eingelagert sind.

Granit, dessen Name vom lat. Granum („Korn"), herrührt, ist ein grobkristallines, magmatisches Tiefengestein (Plutonit). Die erkaltete Gesteinsschmelze des Granits besteht vor allem aus den Mineralen Feldspat, Quarz und Glimmer; dazu können in kleineren Mengen die unterschiedlichsten weiteren Minerale kommen. Tiefengesteine erstarren in größeren Tiefen von mehreren Kilometern und kühlen daher sehr langsam ab. Erst durch Erdbewegungen sowie Abtragung der darüber liegenden Gesteinsschichten kann der Granit langsam an die Erdoberfläche gelangen und dort freigelegt werden. Dabei kann er sich durch chemische und physikalische Prozesse deutlich verändern. Durch seine typische Klüftung zeigt der Granit in unserem Klima oft seine kennzeichnende „Wollsack-Verwitterung".

Der Kalkstein tritt im Harzgebiet in den verschiedensten Arten und Vorkommen auf. Dieses Sedimentgestein besteht überwiegend aus den Mineralen Kalzit (Kalziumkarbonat). Im Harz selbst sind vor allem die von Korallen und anderen Riffbildnern aufgebauten Riffkalke von Rübeland und Bad Grund zu nennen. Im Harzvorland kommen Kalkgesteine zum Beispiel in Form der Muschelkalkschichten (Mittel-Trias) und der oberjurassischen sowie kreidezeitlichen Kalke vor. Eine Besonderheit ist der aus kleinen Kügelchen zusammengesetzte Rogenstein im Unteren Buntsandstein (Unter-Trias) im Harzvorland. Die Zechstein-Schichten enthalten oft auch Dolomitgestein, das aus Kalzium-Magnesium-Karbonat besteht.

Auch vom Lockersediment Sand gibt es am Harz ergiebige Lagerstätten, genauso wie vom verfestigten Sandstein. Sand entsteht durch die chemische und physikalische Verwitterung unterschiedlicher quarzreicher Gesteine, aus denen die Quarzkristalle herauswittern und durch Transport abgerollt werden. Auch das Lockersediment Kies ist am Harz reichlich vertreten. Insbesondere im Bereich der heutigen Flussbetten der Harzgebirgsflüsse sind Kiesvorkommen zu finden; Kies ist die rundgeschliffene Bodenfracht schnellfließender Flüsse und Bäche.

Vegetationsbild - Ausgang Zeitalter der großen Saurier - erste Hälfte der großen Tertiärperiode
gezeichnet von Lisa Berg - frei nach Hugo Wolff - Maage

Paläontologische Betrachtungen zum Harzgebiet

Die Paläontologie ist die Wissenschaft von Lebewesen vergangener Erdzeitalter und ihr Forschungsgegenstand sind die fossilen Reste vorzeitlicher Lebewesen. Nur an Hand dieser Fossilienfunde können wir uns ein Bild von jenen längst vergangenen Umweltbedingungen machen, die uns Rekonstruktionen erlauben.

Im Umland des Harzes konnte fossiles Leben bis vor etwa 480 Millionen Jahren nachgewiesen werden. Dabei handelt es sich bis zum Keuper ausschließlich um Meereslebewesen in den unterschiedlichsten Arten und Gattungen. Die ältesten Lebensspuren stammen von Pflanzen aus dem Harz, die dem Unter Devon (416 Millionen Jahre) zugeordnet werden, es folgen Pflanzen aus dem Harzvorland aus dem Bundsandstein (250 Millionen Jahre). Das älteste tierische Leben, das nachgewiesen werden konnte, stammt von verschiedenste Meereslebewesen aus dem Keuper (zirka 230 Millionen Jahre).
Die ursprünglichsten nachgewiesenen Reste organischer Herkunft sind die als Stomatolithen bekannten Riffe von kalkabscheidenden Blaubakterien in den Rogenstein-Lagen. Im Harzvorland ist ihre Verbreitung in der Bundsandsteinzeit auf einem Areal von ca. 6.000 Quadratkilometern erwiesen. Rogenstein diente unter anderem als Baumaterial für die Stadtmauern von Wernigerode.
Es folgte das wenig artenreiche Muschelkalkmeer. Besonders in den Vorlanden des Nord- und Westharzes und insbesondere im Gebiet des Huy konnten zahlreiche Fossilien dieses Zeitabschnitts geborgen werden. So waren in diesen Flachgewässern die muschelknackenden Pflasterzähner (Placodus) zu Hause, wie auch der fischjagende Nothosaurus. Auch kleine Haie (Hybodus) konnten nachgewiesen werden. Bestimmend in diesem Zeitabschnitt aber waren niedere Lebensformen, wie verschiedenste Muschelarten, Seelilien, Schlangensterne und Ceratiten sowie als Seltenheit das Wappentier der Paläontologen, der Nautilus. In manchen Schichten sind große, u-förmige und an Würmer erinnernde Grabgänge sehr häufig.

Die wissenschaftliche Paläontologie wurde erst seit Beginn des 19. Jahrhunderts ernsthaft betrieben. Vorher brachte man die Funde mit Riesen, Drachen, Einhörnern und anderen Fabelwesen in Zusammenhang. Nach ersten wissenschaftlichen Funden in England, Frankreich, Belgien und den USA entbrannte eine Saurier-Euphorie in dieser jungen Wissenschaft. Auf deutschem Boden erregten dann seit der ersten Hälfte des 19.Jahrhunderts

Der Northosaurus, eine Stammform des langhalsigen Plesiosaurus, am Ufer des deutschen Muschelkalkmeeres in der mittleren Triasperiode.
Lisa Berg - frei nach Hugo Wolff-Maage

die reichhaltigen und vorzüglich erhaltenen Funde in Holzmaden und Solnhofen in Süddeutschland Aufsehen.

In dieser Pionierzeit der Saurierforschung fanden Arbeiter 1899 in einer Schicht des Unter-Jura am Kanonenberg in Halberstadt Skelettreste von größeren Sauriern. In dem Ton, der in der Ziegelei Thiemeke zu Steinen geformt und gebrannt wurde, lagen sie eingebettet.
Dank der Weitsicht und der finanziellen Unterstützung durch den Apotheker J. Maak, der von den Funden Kenntnis erhielt, konnten diese Knochen geborgen und präpariert werden.
Es handelte sich bei diesem Fund um einen Plesiosaurier. Das Halberstädter Exemplar wurde von seinem ersten wissenschaftlichen Bearbeiter als Thaumatosaurus aff. megacephalus bestimmt, was aus dem griechischen übersetzt „Großköpfige Wunderechse" bedeutet. Eine Neubearbeitung hat allerdings vor kurzem ergeben, dass es artgleich mit Eurycleidus arcuatus aus dem Unter-Jura von England ist. Dieser Plesiosaurier war vollständig an das Meer angepasst. Das Exemplar war etwa 3 Meter lang und besaß ein gewaltiges Raubtiegebiss.

Es war einer der ersten, auf norddeutschem Boden gefundenen, Dinosaurierfunde. Wenige Jahre später, wieder in einer Tongrube in Halberstadt, diesmal in der Keuper-Tongrube von Baerecke-Limprecht, wurden erneut spektakuläre Dinosaurierskelettfunde gemacht. So ist überliefert, das die Reste von über 50 Einzeltieren geborgen wurden. Der größte Teil der Skelette ließ sich der Sauriergattung Plesiosaurus zuordnen. Diese gehörte zu den größeren Dinosauriern und wurde etwa 8 Meter lang. Auch eine Urschildkröte befand sich in diesem Ausgrabungsmaterial. Sie zählt zu den ältesten Schildkröten der Welt. Interessant ist dazu noch, dass in dieser Fundschicht auch ein Säugetier-Zahn entdeckt wurde, der zu den ältesten Säugetierresten der Welt gehört.
Aus diesem Zeitabschnitt stammen auch zahlreiche Pflanzenfossilien. Es handelt sich dabei um verschiedene Schachtelhalmformen sowie Farne, die insbesondere bei Thale gefunden wurden. Die für diesen Zeitabschnitt des Jura verbrieften Pflanzenfunde sind in der Harzregion nicht besonders reichlich und weichen nicht wesentlich von denen des Keuper ab.

1998 und bereits früher, wurden in einem Steinbuch bei Oker in Schichten des Ober-Jura fossile Dinosaurierknochen gefunden. Nach der anfänglichen Annahme, es handelt sich dabei um Überreste von Jungtieren, kamen die wissenschaftlichen Bearbeiter zu dem Schluss, dass es Knochen von ausgewachsenen Dinosauriern waren, und zwar von einer bisher unbekannten sehr kleinen Art von Pflanzenfressern.

Wollnashorn *von Dr. Elke Gröning*

Das mit dem vorläufigen Arbeitsnamen „Hanna“ getaufte Fossil hat seine nächsten Verwandten bei den elefantenfüßigen Langhals-Dinosauriern, allerdings wurden die bis zu 45 Meter lang und 80 Tonnen schwer, wohingegen „Hanna“ oder Europasaurus holgeri, wie die Art nun wissenschaftlich heißt, nur bis zu 6 Meter lang wurde. Diese neue Dinosauriergattung lebte vor etwa 150 Millionen Jahren. Nicht zu vergessen ist auch, dass im Dino-Bruch Oker auch eine Menge vorzüglich erhaltener Pflanzenfossilien gefunden wurden.
In der Ober-Kreide begann sich dann eine Meeresfauna zu entwickeln, die sich insbesondere bei den Schnecken, Muscheln und Armfüßern bis heute kaum verändert hat.
Rund um den Harz wurden eine Vielzahl von Fossilien gefunden, die am Beispiel der bekannten Venusmuschel (Tapes) über 100 Millionen Jahre kaum Veränderungen erkennen lassen.
Dass auch in dieser Epoche bereits Haie unser „Harzer Meer“ bevölkerten, die sehr eng mit unseren heutigen Haien verwandt sind, belegen Zahnfunde. Auch Pflanzen, die eine enge Verwandtschaft zu noch heute existierenden Arten aufweisen, wie Nadelbäume, platanenähnliche Laubgewächse, und Farne sind als versteinerte Zeugen der Vergangenheit für die Ewigkeit konserviert.
Es ist uns also einiges überliefert an fossilen Funden aus diesen 250 Millionen Jahren Erdgeschichte, ausreichend, damit die Wissenschaft zumindest ein Bild von den Ursprüngen des Harzer Umlands zeichnen kann.

Inzwischen haben sich am Ende der Kreide die Dinosaurier aus der Erdgeschichte verabschiedet, still und leise und ohne bis heute erwiesenen Grund. Wissenschaftliche Theorien dazu gibt es viele, auf die einzugehen den Rahmen dieses Buches sprengen würde.
Die Evolution bringt neue Lebensformen hervor, Dinosaurier wurden in ihren Lebensräumen von modernen Säugetieren abgelöst, und die haben sich bis heute erhalten und etabliert.
Aber durch unterschiedlichste klimatische Bedingungen, von tropischen bis zu arktischen, musste sich die Flora wie auch die Fauna immer wieder neu anpassen. Alles in allem mäßigte sich das Klima seit dem Eiszeitalter. Die Auswirkungen klimatischer Naturkatastrophen, die zuvor die urzeitlichen Lebewesen überrascht und zum Teil begraben hatten, waren seit dem Pleistozän nicht mehr so verheerend.

Mammuts *von Dr. Elke Gröning*

Im Jahr 1930 informierte ein Kiesgrubenbesitzer Spengler über große Knochenfunde in seiner Grube Schöße in Edersleben. Diese Knochen wurden von dem Tischlermeister Gustav Adolf Spengler und seinem Sohn geborgen. Bis zum Jahr 1933 wurden immer wieder weitere Knochen gefunden und präpariert. Bei dem Fund handelte es sich um ein 35 bis 40 Jahre altes, weibliches Altmammut der Art „Mammuthus trogentherii", das etwa vor 400.000 bis 500.000 Jahren lebte und somit das älteste und vollständigste Mammutskelett in Deutschland ist. Heute ist dieses Mammutskelett das Aushängeschild des Spengler-Museums in Sangerhausen.
Die Südharzer Karstlandschaft bei Osterode hat der Wissenschaft schon manche Fossilfunde beschert. So wurden im heutigen Naturschutzgebiet Hainholz bei Düna zirka 1.750 Fossilien von eiszeitlichen Großsäugern gefunden. Einige Kilometer weiter westlich, bei Ührde, wurden 1.808 Fossilien von weiteren eiszeitlichen Großsäugern wie Mammut und Wollnashorn geborgen. Diese Funde veranlassten den Göttinger Mediziner, Zoologen und Anthropologen Prof. Dr. Johann Friedrich Blumenbach (1752 bis 1840), sich wissenschaftlich damit zu beschäftigen. Er entwickelte für die Stammesgeschichte der Säugetiere neue, brauchbare Ordnungssysteme und wurde so zum deutschen Begründer wissenschaftlicher Säugetierpaläontologie. Über 150 Jahre später trat der Lichtenstein, zwischen Dorste und Förste am Rande des Sösetals gelegen, in den Blickpunkt der Paläontologen. 1961 entdeckte man dort in einem Karsttrichter zahlreiche Skelettreste unter anderen von Bison, Wollnashorn, Pferd, Höhlenlöwe und Riesenhirsch. Alle diese Fossilfunde wurden in die frühe Weichselkaltzeit vor zirka 50.000 Jahren eingeordnet. Auch in der Einhornhöhle hat man sehr viele eiszeitliche Säugetier-Reste gefunden.

Ein Fund von Gipsbrechern in den Seweckenbergen bei Quedlinburg im Jahr 1663 erregte besonderes Aufsehen und ist uns bis heute als Anekdote erhalten geblieben.
Es wurden angeblich Teile eines großen Skeletts gefunden. Da zunächst nur ein „Stoßzahn" gefunden wurde, der zweite wurde erst 1701 entdeckt, sorgte dieser „Stoßzahn" für besonderes Interesse. Gewichtige Persönlichkeiten dieser Zeit, darunter Otto von Guericke, Bürgermeister von Magdeburg und bekannter und anerkannter Wissenschaftler, glaubte das Stirnhorn des sagenhaften Einhorns gefunden zu haben. Er hielt mit diesem Fund die Einhornexistenz für erwiesen und der bedeutende Gelehrte G.W. Leibniz schloss sich dieser Ansicht an.
In seinem 1691 geschriebenen und in der deutschen Übersetzung posthum 1749 veröffentlichten Buch „Protogaea" – die Vorgeschichte der Erde, stellte er eine Phantasieabbildung dieses Einhorns dar.

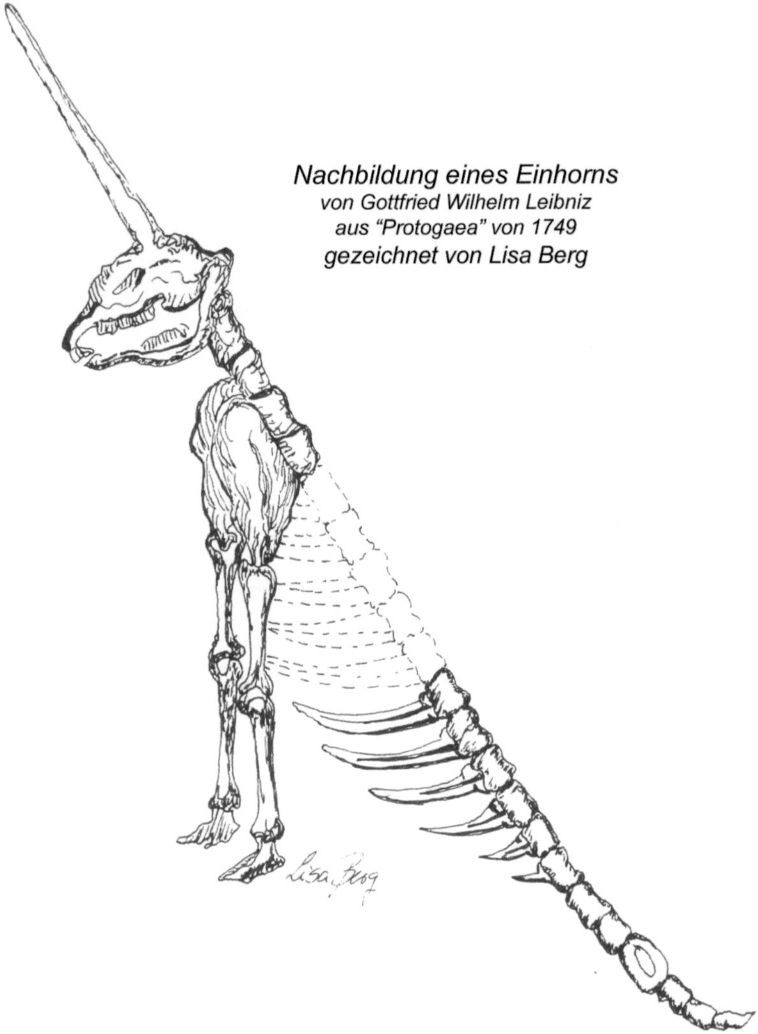

Nachbildung eines Einhorns
von Gottfried Wilhelm Leibniz
aus "Protogaea" von 1749
gezeichnet von Lisa Berg

Leider aber war es kein Einhorn, wie wir heute wissen, sondern ein Sammelsurium von Knochen unterschiedlichster eiszeitlicher Großsäuger, wie vielleicht Mammut, Wollnashorn, Wildpferd und Riesenhirsch. Bei dem damals gefundenen „Horn“ oder „Stoßzahn“ wird heute davon ausgegangen, dass es ein Narwal-Stoßzahn aus dem arktischen Meer war. Eine schöne Anekdote bleibt es aber trotzdem!

Die Halberstädter Saurier - Plesiosaurus

Das Kellwassertal ist ein Nebental der Oker und weitgehend unbekannt. Am südlichen Zipfel des Okerstausees mündet das Kellwasser unterhalb von Altenau aus östlicher Richtung in den Stausee. Nichts Außergewöhnliches also, auch wenn der Wanderweg, der durch das Kellwassertal führt, zahlreichen Wanderfreunden bekannt sein dürfte. Beliebt ist der Rundweg vom Torfhaus, durch das Kellwassertal zum Okerstausee, nach Altenau und zurück zum Torfhaus.

Dass dieses Tal in den Wissenschaften der Geologie und der Paläontologie weltweit einen Namen hat, wird außer einigen Experten kaum jemand bisher zur Kenntnis genommen haben. Bereits um 1850 bearbeitete der Geologe, Botaniker und Jurist Friedrich Adolf Roemer im Kellwassertal einen geologischen Aufschluss, der ihn zu genaueren Untersuchungen veranlasste. Roemer leistete mit seinen diesbezüglichen Forschungen und Beschreibungen einen bedeutenden Beitrag zur geologischen und paläontologischen Forschung.

Heute, etwa 160 Jahre später haben wir folgenden Erkenntnisstand: Im Erdaltertum (= Paläozoikum), etwa vor 545 bis 250 Millionen Jahren, entfaltete sich bereits reichhaltiges Leben; zunächst im Wasser, später auch an Land. Auf dem Trockenen waren die Pflanzen und die Gliederfüßler die Ersten, ab dem Ober-Devon folgten die Land-Wirbeltiere. In der Entwicklungsgeschichte unseres Planeten gab es mindestens 6 große Massenaussterben (das heutige, vom Menschen indizierte mitgerechnet). Die Gründe für diese sogenannten Massenaussterbe-Events sind bisher nur ansatzweise erforscht, an erster und zweiter Stelle werden aber Impakte von Himmelskörpern, Klimaänderungen sowie gewaltige vulkanische Aktivitäten genannt. Am bekanntesten von diesen Aussterbe-Events ist das KT (= Kreide-/ Tertiär)-Event am Ende der Kreidezeit, welches das endgültige Aussterben der Dinosaurier markiert und gern auf einen gewaltigen Einschlag eines Asteroiden oder eines großen Meteoriten zurückgeführt wird.

Nicht nur für unsere Harzregion, sondern sogar weltweit von Bedeutung ist der „Kellwasserkalk", der zuerst in diesem unbedeutenden Seitental der Oker nachgewiesen wurde, dort ist daher der „Locus typicus". Aber es stellte sich anschließend heraus, dass diese markanten, dunklen und kohlenstoffreichen Gesteinsschichten global überall in der gleichen Abfolge wiederzufinden sind. Abgelagert wurde der „Kellwasserkalk" im Ober-Devon (385 bis 375 Millionen Jahre vor heute) und dokumentiert in zwei Phasen plötzlicher Absenkungen des Meeresspiegels, worauf ein Großteil des marinen Lebens, vor allem die Korallenriffe, nur mit Aussterben reagieren konnten. Daher spricht man nunmehr vom Kellwasser-Ereignis (= Event), beziehungsweise von der „Kellwasserkrise". Das Landleben war erfreulicherweise weniger betroffen, und das stattgefundene Aussterbeereignis betraf nicht nur den Harz, nein es betraf wie alle fünf Ereignisse die gesamte Erde, auch wenn es von hier seinen Namen hat. Unter den sechs großen Massenaussterben war dieses Event nach der Anzahl der ausgestorbenen Arten das Drittschwerste.

Das Kellwassertal hat also für die Wissenschaften, die sich mit der Entwicklungsgeschichte der Erde beschäftigen, einen weltweiten Rang. Damit diese Schichten gut sichtbar bleiben, wurde der Aufschluss im November 2009 großflächig frei gelegt. Beteiligt waren Vertreter der Deutschen Gesellschaft für Geowissenschaften, des Landesamtes für Bergbau, Energie und Geologie des Geozentrums Hannover und des Senckenberg-Institutes. Außerdem gibt eine vom Regionalverband Harz finanzierte Informationstafel Auskunft über die geologischen Besonderheiten.

Die Eiszeiten - das Pleistozän im Harzgebiet

Die vorletzte Eiszeit bei Goslar. Das Eis erreichte den nördlichen Harzrand und staute in den Täler kleine Eisstauseen auf. Der darin kalbende Gletscher hinterließ in den Seen kleine Eisberge. Ablagerungen in diesen Seen sind heute noch an wenigen Stellen zu finden. von Dr. Ludger Feldmann

aus FELDMANN (2002: 15):
Niedersachsen während der Maximalausdehnung des Elster-Eises, das bis an den Rand der Mittelgebirge reichte. In den Tälern wurde das Schmelzwasser und das Flusswasser aufgestaut. Im Harz lag ein eigener kleiner Gletscher. Die Landschaft war fast vegetationsfrei. Links im Bild das Wiehengebirge und der Teutoburger Wald, nach Osten (rechts) anschließend das Lipper Land, das Wesertal mit großem Eisstausee, Ith und Hils, das Leinetal, der Sackwald und im Osten der Harz mit Brocken. Vereinzelt schauen höhere Gipfel dicht vor dem Eisrand aus den Eismassen heraus. von Dr. Ludger Feldmann

Der Harz und sein Vorland in der drittletzten Eiszeit (Elster). Von Norden brandeten die nordischen Eismassen aus Skandinavien an den nördlichen Harzrand bis Goslar und Wernigerode. Sie überflossen den Ostharz und reichten bis vor die Tore von Nordhausen, wo sich – wie am Westharzrand – große Eisstauseen bildeten. Im Harz hatte sich ein kleiner Eigengletscher gebildet, der im Bereich Torfhaus bis zu 100 m mächtig war. Endmoränen dieses Gletschers finden sich im Odertal unterhalb des Oderteichs. Brocken und Wurmberg waren wegen ihrer exponierten Lage eisfrei. Die große Clausthaler Fläche um 600 m NN (links im Bild) sowie der restliche Harz waren nahezu vegetationsfrei. von Dr. Ludger Feldmann

Der Harz und sein Vorland in der vorletzten Eiszeit (Saale). Von Norden brandeten wieder die nordischen Eismassen bis an den nördlichen Harzrand. Der Ostharz blieb diesesmal aber eisfrei. Im Harz hatte sich wieder ein kleiner Eigengletscher gebildet. Auch in dieser Eiszeit waren der unvergletscherte Harz und sein südliches Vorland nahezu vegetationsfrei. von Dr. Ludger Feldmann

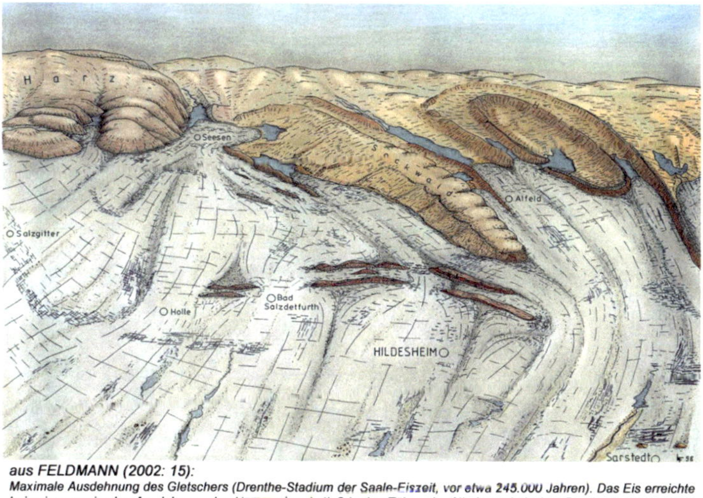

aus FELDMANN (2002: 15):
Maximale Ausdehnung des Gletschers (Drenthe-Stadium der Saale-Eiszeit, vor etwa 245.000 Jahren). Das Eis erreichte bei seiner maximalen Ausdehnung den Harzrand und stieß in den Tälern des Niedersächsischen Berglandes weit nach Süden vor. Seesen lag unter dem Eis, im Leinetal reichte das Eis bis Freden südlich von Alfeld. Hildesheim wurde von einer etwa 150-200 m mächtigen Eisschicht bedeckt. Die obersten Gipfel des Hildesheimer Waldes schauten als „Nunatak" aus dem Eis heraus und wurden von den Eismassen umflossen. In den Tälern bildeten sich vor der Eisfront wieder Eisstauseen, so im Innerstetal, südlich und westlich von Seesen und im Leinetal. In den Eismassen bildeten sich über Unebenheiten im Untergrund Gletscherspalten (zum Beispiel am linken Bildrand über dem Salzgitterer Höhenzug). Auf dem Eis entstanden kleine Seen und Bäche. Die Gletscher brachten vereinzelt große Findlinge aus Skandinavien mit (unten rechts im Bild). Zum Gletscherrand sammelte sich auf dem Eis durch zunehmendes Abtauen der Schutt an, der im Eis eingefroren war. Daher wird das Eis zum Eisrand hin zunehmend grauer.

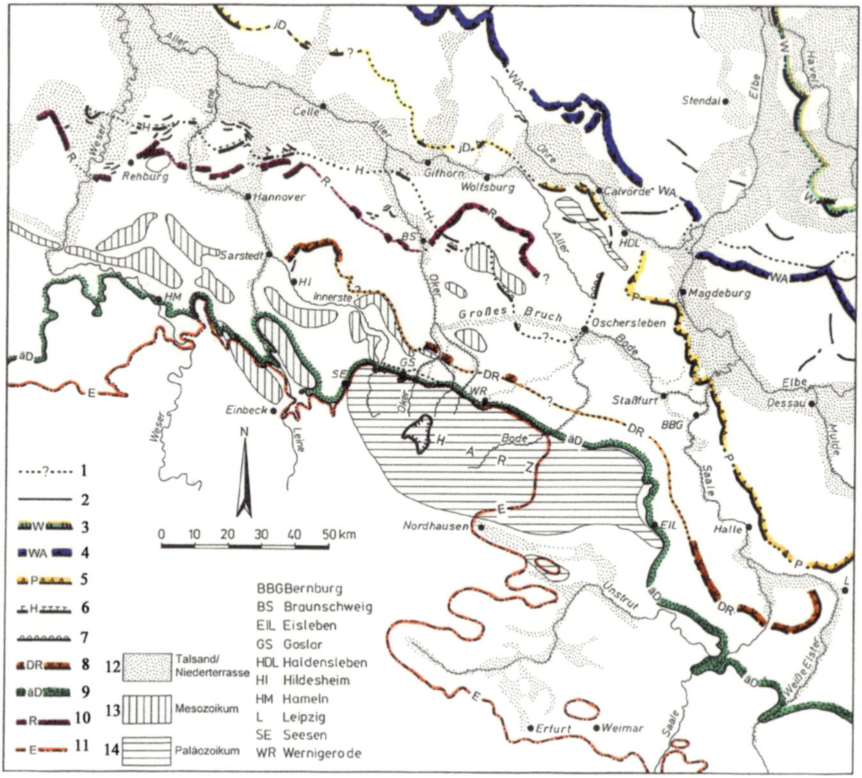

1-mögliche Verbindungen zwischen Endmoränen
2-Endmoränen
3-Weichsel-Eiszeit
4-Warthe-Stadium
5-Petersberg-Carlvörder Randlage
6-Meisterberg-Randlage
7-Druxberge-Dahlumer Randlage
8-Dehlitz-Rückmarsdorfer Randlage
9-Saale-Eiszeit Maximalstand
10-Saale-Eiszeit-Rehburger Phase
11-Elster-Eiszeiz Maximalstand
12-Talfalzungen/Urstromtäler
13-mesozoische Auftragungen
14-paläozoische Auftragungen

aus Feldmann, L. (2002): Das Quartär zwischen Harz und Allertal - Clausthalet Geowissenschaften

In der geologischen Entwicklung des Harzgebietes berührten über die Jahrmillionen oftmals Meere den Harz. Das letzte Mal, dass Wassermassen diese Region erreichten, war im Pleistozän, aber es war im gefrorenen Aggregatzustand in Form von Festlandeis und kam aus Richtung Skandinavien.

Aus Sicht der Landwirtschaft betrachtet, dürften die Böden das wichtigste Ergebnis der jüngsten erdgeschichtlichen Ereignisse sein. Die aus der Eiszeit resultierenden Urstromtäler unserer Harzer Flüsse im nördlichen und westlichen Harzvorland, sind eine weitere bedeutende Hinterlassenschaft dieser Erdgeschichtsepoche. Auch das Windsediment Löss ist im Pleistozän entstanden. Es besteht aus Feinstäuben und Feinsanden, die von kräftigen Winden aus der Kältesteppe (Tundra) von Norden und Westen her ins Harzvorland und die Täler des Harzes eingeblasen wurden.

Die seit dem Mesozoikum (vor 245 bis 65 Millionen Jahren) in Gang gekommenen Veränderungen in der Lage unserer heutigen Kontinente, waren Auslöser eines beständigen Abdriftens unserer Kontinentalplatte nach Norden. Die daraus resultierenden klimatischen Veränderungen bewirkten verhängnisvolle Wechselmechanismen, die zusammen mit einem weiteren Komplex von 40 bis 50 klimabeeinflussenden Faktoren, zu einer Inlandvereisung führten, die vor 1,8 Millionen Jahren einzusetzen begann. Mit einer randlichen Mächtigkeit von 50 bis 100 Metern erreichte diese Gletscherfront vor etwa 480.000 Jahren zum ersten Mal den Harz. Es war die erste, für Norddeutschland wichtige Vereisung, die sogenannte Elster-Eiszeit, die das Gebiet des Unterharzes östlich der Linie Blankenburg-Stolberg überschritt. Die jüngere Saale-Eiszeit erreichte den Nordrand des Harzes, die letzte Vereisung der Weichsel-Eiszeit erreichte den Harz nicht mehr. Die Gebirgslagen selbst wurden zwar vermutlich nicht vom Eis bedeckt, ihre Vorländer im Westen, Norden und Osten wurden aber bis zu einer Höhe von 350 bis 400 Metern vom Eis überfahren. Nach geologischen Erkenntnissen erreichte die Südgrenze der Inlandvereisung als westlichsten Punkt am Harz Blankenburg, zog sich über Friedrichsbrunn bis in den südlichen Unterharz bei Rottleberode hin. In beiden genannten Orten markieren heute Eiszeit-Denksteine diese Südgrenze. Die am weitesten nach Süden ausgreifende Elster-Eiszeit hatte größere Temperaturschwankungen, so dass mehrere Eisvorstöße von Rückschmelzperioden abgelöst wurden. Diese Eiszeit hatte wechselnde Bedingungen und erstreckte sich über einen längeren Zeitraum.

Es handelte sich also nicht um einen einzigen Vormarsch der Gletscherfront, sondern um ein mehrphasiges An- und Abschwellen des Eiskörpers. Das gleiche ereignete sich auch in der Saale-Eiszeit, hier war sogar ein dreifaches An- und Abschwellen mit Abschmelzen wenigsten bis zur Ostsee zu verzeichnen.
Insgesamt haben also zwei Eiszeiten den Harz und sein unmittelbares nörd-

Mammuts zu Beginn der Eiszeit gezeichnet von Lisa Berg - frei nach Hugo Wolff-Maage

liches und westliches Vorland tangiert. Nach jeder Eiszeit folgte eine Zwischeneiszeit (zwischen zwei Eiszeiten liegende Zeit der Erwärmung, gekennzeichnet durch ein Abschmelzen des Eises und daraus folgend ein Ansteigen des Meeresspiegels), die als Interglazial bezeichnet wird. Die Quartärgeologen unterscheiden dabei in chronologischer Abfolge von jung nach alt: Holozän, Weichsel-Eiszeit, Eem-Warmzeit, Saale-Eiszeit, Holstein-Warmzeit und Elster-Eiszeit, sowie davor weitere zahlreiche Eis- und Warmzeiten. Für die Nord- und Westharzregion und ihre Vorlande war die Saale-Eiszeit allerdings die bedeutendste. Sie war letztendlich, als die jüngere Vergletscherung, in einem großen Bereich für die Landschaftsformen wichtiger, als ihre Vorgängerinnen. In den Ablagerungen dieser Eiszeit können wir noch heute ihren Einfluss vor Ort erkennen. Die sich jeweils vorschiebenden Eismassen wirkten dabei wie „Landhobel". Betrachten wir als Beispiel die Entwicklung des Gebietes zwischen dem Harz und dem Ohre-Allertal im Eiszeitalter. Vor Beginn der Elster-Vereisung war die Landschaftsgestaltung wohl nicht wesentlich verschieden von der heutigen, lag aber einige Dekameter höher als heute und hatte nur flache Flusstäler. Nach Ende der letzten Eiszeit waren viele der Nordharzer Flusstäler dann viel tiefer ausgefurcht als zuvor. Beim Vorstoß und beim Zurückweichen der Eismassen fand teilweise eine mächtige Zuschüttung der Täler und tieferen Senken statt. Im nördlichen Teil dieses Gebietes lagerte die Elster-Vereisung stellenweise eine mächtige Grundmoräne ab, so am Papenteich nördlich von Braunschweig. Der Unterharz zeigt bis in eine Höhe von etwa 450 Metern über Normalnull eine lockere Bestreuung mit nordischen Gesteinsmassen. Das heißt, bis zu einer etwa von Gernrode, in südliche Richtung auf Rottleberode zulaufenden Linie. In den Vorlanden des Nord- und Unterharzes war es auch die Zeit der Findlinge. Zum Teil wurden riesige Granitblöcke aus den Skandinavischen Hochgebirgen durch die Eismassen bis vor unsere Haustür transportiert. Viele davon stehen heute unter Denkmalschutz und legen Zeugnis von dieser Epoche ab, auch zahlreiche Knochenfunde von den großen Säugetieren der Eiszeit konnten gefunden werden.

Der Beginn der letzten Eiszeit, der Weichsel-Eiszeit, liegt etwa 115.000 Jahre zurück. Die maximale Abkühlung wurde etwa vor 18.000 bis 25.000 Jahren erreicht. Eine erste spürbare Wiedererwärmung und damit der Beginn des Spätglazials, werden auf etwa 14.000 bis 15.000 Jahre vor unserer Zeit verlegt. Es wird davon ausgegangen, dass vor 13.000 Jahren das letzte Inlandeis Mitteleuropa verlassen hat und die heutige Warmzeit (Holozän) vor 10.200 bis 11.400 Jahren einzusetzen begann.

Stratigraphie nach Dr. Ludger Feldmann

Alter (Jahre)	Gliederung in Norddeutschland	Vorgänge	Temperatur – +
10.000	Holozän	Umlagerung durch Flüsse Bodenbildung	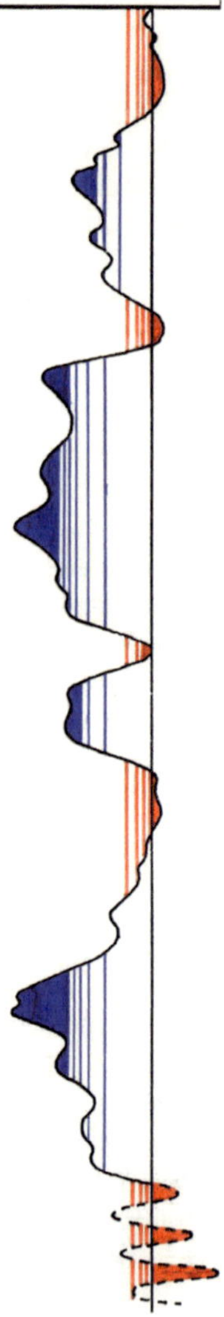
115.000	Weichsel-Eiszeit	**unvergletscherte Gebiete** **Dauerfrostboden** Aufschotterung in den Flußtälern	
127.000	Eem-Warmzeit	Bodenbildung	
200.000 330.000	Saale- Komplex	?Aufschotterung in Flußtälern Herausbildung des heutigen Flußnetzes **Inlandvereisung** Rehburger Phase **Dauerfrostboden** Aufschotterung in Flußtälern **Dauerfrostboden**	
425.000	Holstein-Warmzeit	Auffüllung kleinerer Seen und Becken	
570.000	Elster- Komplex	Herausbildung der Mittelterrassen-zeitlichen Flußtäler **Inlandvereisung** **Dauerfrostboden** Aufschotterung in Flußtälern	
790.000 2,4 Mio.	Alt-/ Ältestpleistozän	Komplex Flußablagerungen in Kaltzeiten **Dauerfrost** Verwitterung in Warmzeiten	

Stratigraphie des Harzvorlandes nach Dr. Ludger Feldmann

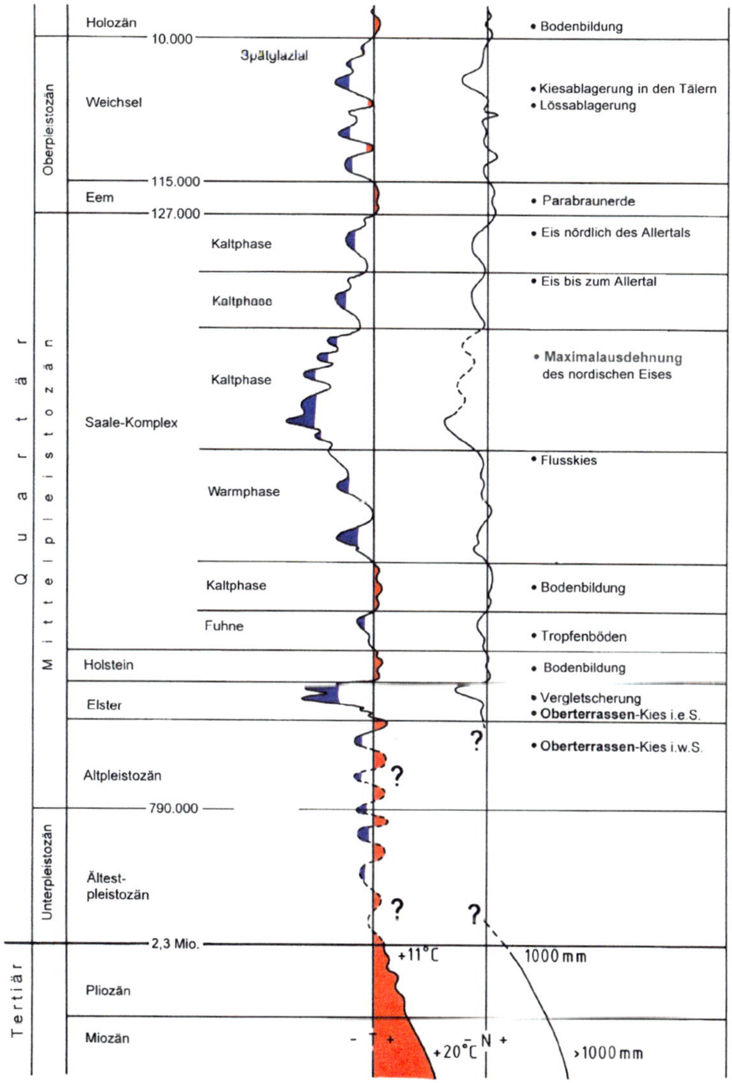

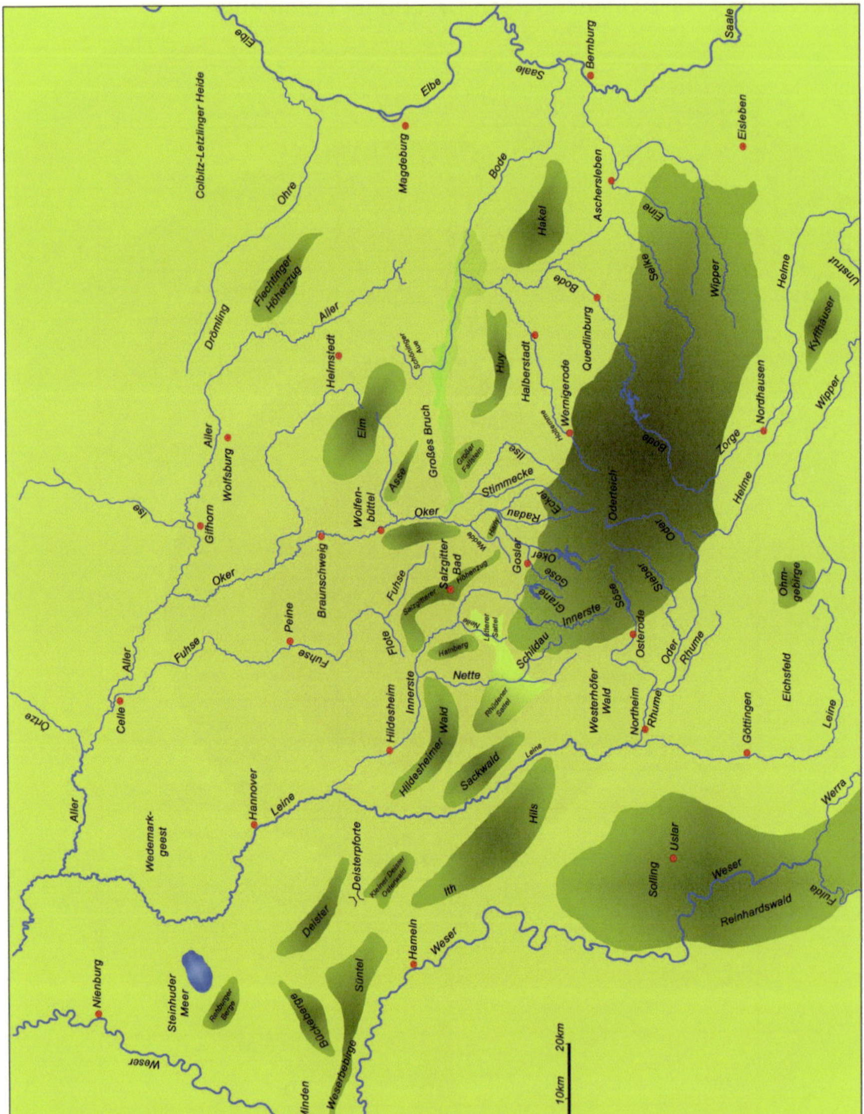

Der Harz und die Randgebiete nach dem Ende der Eiszeiten
von Lisa Berg nach Dr. Ludger Feldmann mit freundlicher Genehmigung

Die Waldgeschichte des Harzes in den letzten 11 000 Jahren

	Siedlungszeit	
- 1 000 Jahre vor heute	Die Entwicklung der Vegetation im Harz in historischer Zeit ist in hohem Maße von menschlichen Eingriffen geprägt. Waldrohdung, Bergbau, Besiedlung, forst- und landwirtschaftliche Nutzung bestimmen das Landschaftsbild.	
	Buchen - Zeit	
- 2 000	Durch weiter zunehmende Feuchtigkeit dominieren nun die Buchen. Zu dieser Zeit begann die weitflächige Hochmoorbildung.	
	(Fichten – Eichenmischwald) – Buchen – Zeit	
- 3 000	Durch zunehmende Feuchtigkeit wird der Eichenmischwald durch Buchen verdrängt. Vor etwa 3 000 Jahren bot der Harz ein mit heute vergleichbares Bild.	
- 4 000	**Eichenmischwald – Fichten - Zeit**	
	Vor etwa 5 000 Jahren führte ein allmählicher Temperaturrückgang zur Ausbreitung von Fichten neben Eichen, Erlen und Linden.	
- 5 000		

	Eichenmischwald – (Fichten) - Zeit	
- 6 000	Eine langsame Abkühlung bestimmt in dieser Zeit das Waldbild aus Eichen, Fichten, Ulmen, Erlen und Hasel.	
Jahre vor heute	**Eichenmischwald - Zeit**	
- 7 000	Dieser Zeitabschnitt ist geprägt durch wärmeres Klima und einen Waldtyp von Eichen, Ulmen, Erlen und Hasel.	
	Hasel - Zeit	
- 8 000	Die weiter zunehmende Erwärmung mit Beginn vor etwa 8 000 Jahren begünstigte die Ausbreitung von Hasel und Ulmen sowie Eichen und Linden in die höheren Regionen.	
- 9 000	**Birken – Kiefern – Zeit**	
- 10 000	Die Birken – Kiefern – Zeit war geprägt durch eine Baumvegetation aus Birken, Kiefern, Ulmen, wie man sie heute etwa im nördlichen Skandinavien findet.	
	Jüngere – Tundren – Zeit	
- 11 000 Jahre vor heute	Nah der Letzten Eiszeit erfolgte eine Besiedlung der zunächst baumlosen Moos- und Gras – Tundra der Periglazialgebiete durch eine Zwergenstrauch – Vegetation aus Zwergbirken und Polarweiden. Die Harzer Hochmoore konnten sich entwickeln.	

Mit freundlicher Genehmigung von Dr. Rainer Müller

Die Steinzeit in der Harzregion

Als Steinzeit wird ein Zeitabschnitt der Menschheitsgeschichte bezeichnet, von dem man annimmt, dass der Mensch als Werkstoff für Werkzeuge vorrangig Stein verwendet hat. Die Steinzeit ist somit die älteste und mit großem Abstand längste Epoche der Menschheitsgeschichte und begann vermutlich vor etwa 2,6 Millionen Jahren und endete mit Beginn der Bronzezeit. Die Steinzeit wird in die drei Abschnitte Alt-, Mittel- und Jungsteinzeit untergliedert. Die ältere Steinzeit oder Altsteinzeit, fachlich als Paläolithikum bezeichnet, benennt für Mitteleuropa die Epoche des steinzeitlichen Jägers. Die ältesten Spuren menschlichen Lebens im Umland des Harzes wurden in der Steinrinne bei Bilzingsleben nahe Artern gefunden. Seit dem Jahr 1974 wurde dort gegraben. Es handelt sich um eine der reichhaltigsten und besterhaltenen Freilandfundstätten des Altpaläolithikums in Europa. Unter den Kulturresten wurden Schädelteile und Backenzähne von Urmenschen gefunden, die dem Homo erectus (Frühmensch mit kleinerem Gehirn und stärkerem Gebiss) zugeordnet wurden. Das Alter des Fundhorizontes wird derzeit mit zirka 370.000 Jahren angegeben. Unzählige weitere Artefakte wie Werkzeuge aus Stein, Knochen, Geweihe, Holz und Elfenbein wurden dort ausgegraben und der älteste Nachweis der Feuernutzung in Deutschland erbracht. Seit dem Jahr 2003 sind die archäologischen Grabungen beendet und die spektakuläre Hauptfundfläche sowie zahlreiche Funde, wurden mit einer Halle überbaut, die heute als Museum dient. Nicht viel jünger aber genau so bedeutend sind die im Nordharzer Vorland gefundenen Schöninger Speere. Diese insgesamt acht hölzernen Wurfspieße wurden zwischen den Jahren 1995 und 1998 in einem Braunkohlentagebau bei Schöningen gefunden. Ihr Alter wird auf etwa 270.000 bis 400.000 Jahre geschätzt. Die Schöninger Speere gelten als die ältesten, vollständig erhaltenen Jagdwaffen von Angehörigen der Gattung Mensch (Homo). Auch an diesem Fundort, der als Jagdlager angesehen wird, wurden unzählige weitere Artefakte gefunden und wird ein öffentlich zugängliches Forschungszentrum gebaut.

Ein weiterer bedeutender Fundplatz menschlichen Lebens ist dem Mittelpaläolithikum zu zuordnen und liegt bei Salzgitter-Lebenstedt. Der Fundhorizont wird einer Zeitspanne vor 50.000 bis 100.000 Jahren zugeordnet. Besonders günstige Umstände machten es möglich, dort 1952 und 1977 in 4 bis 6 Metern Tiefe eine 1 Meter starke Kulturschicht zu untersuchen, die einen altsteinzeitlichen Lagerplatz widerspiegelt. Viele Feuersteinabschläge zeigen, dass die Werkzeuge an Ort und Stelle gefertigt wurden. Auch wurden reichlich Tierknochen gefunden, die uns über das vielfältige Jagdprogramm dieser Zeit informieren.

Auf dem damaligen Speiseplan stand demnach das Ren an erster Stelle, unmittelbar gefolgt vom Mammut. Darüber hinaus fanden sich Reste von Wisenten, Wildpferden, Wollhaarnashörnern und verschiedenen Vogel- und Fischarten. Auch eine Reihe von Tierknochen- und Geweihgeräten, so zum Beispiel angespitzte Mammutrippen, die zum Ausgraben von Wurzeln benutzt worden sein könnten, wurden geborgen. Durch die Funde lassen sich auch Erkenntnisse auf die damalige Vegetation gewinnen. Es herrschte eine grasreiche Froststeppe vor, in der nur wenige Bäume wuchsen. Also alles in Allem eine feindliche Umwelt, die ihren Bewohnern viel abverlangte. Auch in Königsaue bei Aschersleben konnte ein Nachweis steinzeitlichen Lebens erbracht werden. In einem Tagebau wurden im Jahr 1963 an drei Stellen zusammen mehrere tausend Artefakte geborgen, vorwiegend Steinwaffen und -werkzeuge, aber auch Reste der Jagdbeute. Das Alter der Funde wurde auf 57.800 Jahre datiert. Im Südharz bei Scharzfeld befindet sich die „Einhornhöhle“, eines der größten Höhlensysteme des Harzes. Jahrhundertelang wurde sie von Knochensammlern heimgesucht. Bereits im Jahr 1583 wurde über das Graben nach „Einhörnern“ berichtet, was für damalige Verhältnisse anscheinend eine lukrative Einnahmequelle war. Denn es war eine ergiebige Fundstelle und „Einhörner“ waren als Medizin und Heilmittel gefragt. Bereits im 17. Jahrhundert wurde aber erkannt, dass es sich bei den Knochen um fossile Reste von Höhlenbären handelte. Die sagenumwobenen Einhörner hat es leibhaftig nie gegeben, dem Fabeltier verdankt die Höhle aber ihren Namen. Die Höhle wurde in vergangenen Jahrhunderten auch von namhaften Forschern und Naturwissenschaftlern wie Leibniz, Goethe und Virchow untersucht. Die Forschungen hatten vor allem ein Ziel, die Existenz des Urmenschen nachzuweisen. Dies gelang auch, aber erst im Jahr 1985 mit den Funden altsteinzeitlicher Werkzeuge. Die folgenden Ausgrabungen erbrachten den Nachweis, dass die Höhle vor über 100.000 Jahren über längere Zeiten von Neandertalern genutzt und besiedelt war. Eine Besonderheit dieser Region stellen die häufiger gefundenen Quarzit-Geräte dar, die zum Beispiel entlang der Teufelsmauer im Landkreis Quedlinburg gefunden wurden; denn üblicherweise produzierte der Mensch zu jener Zeit seine Werkzeuge aus Feuerstein. Diese Funde werden in die Magdalénien-Zeit (benannt nach dem französischen Fundort La Madaleine in der Dorgogne) eingeordnet, was der Zeit um 10.000 bis 8.000 vor Christus entspricht. Auch aus dieser Zeit stammen die Reste von 2 bis 3 Zelten sowie Feuersteinartefakte, die in den Jahren 1955 und 1956 bei Bad Frankenhausen gefunden wurden. Die derzeit bewiesene, längste und ununterbrochene Besiedlung der Harzregion, die mir bekannt ist, kann wahrscheinlich auf dem Schlossberg in Quedlinburg verortet werden. Die ältesten Spuren menschlicher Besiedlung stammen dort aus der Endsteinzeit und lassen sich bis heute fortführen, also über etwa 10.000 Jahre. Artefakte aller prägenden Kulturen der Steinzeit über die Metallzeit, bis ins späte Mittelalter, lassen sich dort nachweisen. Dass auch Menschen zu dieser Zeit schon im Oberharz gelebt haben oder sich aber zumindest zeitweise dort aufgehalten haben, bezeugen die Funde aus der Baumannshöhle bei Rübeland.

Großsteingrab - Stich von J. J. Matthias 1893

Auch um den Wurmberg bei Braunlage rankt sich der Mythos einer frühgeschichtlichen Kultstätte. Dieser Mythos ist seit dem Jahr 2000 endgültig zerstört. Nach über zweijähriger archäologischer Grabung verkündete Dr. Michael Geschwinde seine Forschungsergebnisse. Von der heidnischen Kultanlage bis zum römischen Tempel reichten die Spekulationen. In Wahrheit diente das Steinfundament auf dem Plateau einem Turm, der als topografischer Messpunkt um 1820 angelegt wurde. Im Jahr 1930 wurde dieser abgerissen. Wiedergefundene alte Fotos belegen dies eindeutig. Auch der Steinweg ist nicht älter als 200 Jahre wie ein unter den Steinplatten gefundener Hosenknopf von 1800 belegt. Nicht einmal die Hexentreppe ist mystisch, wie Geologen herausfanden. Sie ist natürlichen Ursprungs, durch Erosion entstanden und wohl durch den Menschen später ausgebaut.

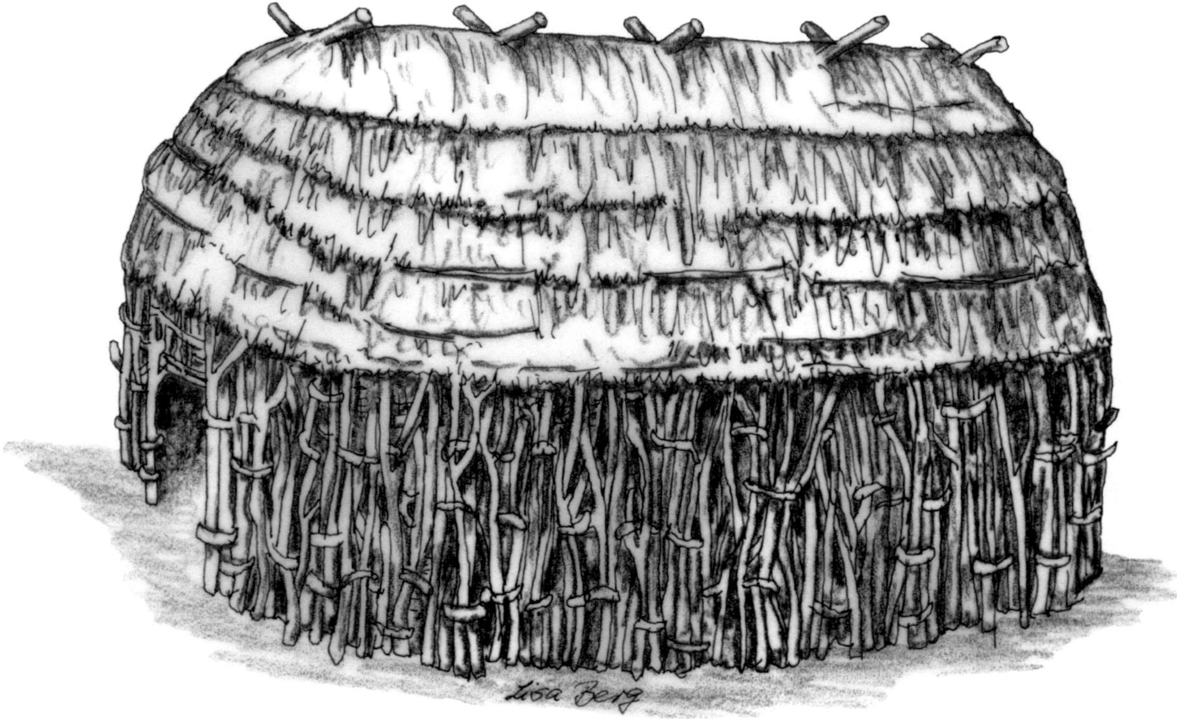

Rekonstruktion einer Hütte der mittleren Steinzeit
Lisa Berg frei nach Lippe

Diese archäologischen Erkenntnisse können aber nicht endgültig ausschließen, dass diese Bergkuppe schon in vorgeschichtlicher Zeit für Rituale genutzt wurde. Den bestehenden klimatischen Bedingungen dieser Zeit entsprechend, sie mögen denen Grönlands oder Nordsibiriens entsprochen haben, lebten in der Harzregion kälteliebende Tiere mit dichter Behaarung. Durch Knochen und Skelettfunde konnten so das Mammut und das Altmammut, das Wollnashorn, das Ren, sowie das Wildpferd und der Höhlenbär nachgewiesen werden. Auch das Wildrind, der Wildesel und der Maralhirsch konnten insbesondere durch die Funde in Königsaue und in Voigtstedt bei Artern identifiziert werden. Wenden wir uns nun der Mittelsteinzeit, dem Mesolithikum zu, die etwa von 8.000 bis 5.500 vor Christus. dauerte. Den bisher geringen Spuren, die der Altsteinzeitmensch im Harz hinterlassen hat, beziehungsweise die der Wissenschaft bekannt geworden sind, fügen sich auch für den Mittelsteinzeitmenschen keine wesentlichen neuen Erkenntnisse hinzu. Nördlich von Scharzfeld liegen mitten im Dolomitgestein des Schulenbergs Felsklippen. Eine davon, die „Lüttje Kammer“ genannt wird, stellt ein etwa 7 Meter hohes Felsdach dar. Darunter wurde 1929 eine mittelsteinzeitliche Siedlungsstätte ausgegraben. Auch in der nahegelegenen „Einhornhöhle“ wurden Artefakte diese Zeit geborgen, was auch für die Steinkirche zutrifft. Dort, wo der Harz am weitesten nach Norden vorspringt, liegt Langelsheim. In den 1970er Jahren konnte dort ein Fundgebiet ausgemacht werden, das sich durch eine enorme Fundkonzentration auszeichnete. Im „Wedebruch“ wurden auf einer Fläche von 450 mal 550 Metern etwa 10.000 Artefakte aufgesammelt. Auch auf dem Gelände südlich des Römersteins bei Steina wurde die Anwesenheit mittelsteinzeitlicher Menschen nachgewiesen. Bei dem Neubau der Bundesstraße 6n im nördlichen Harzvorland wurden einige Siedlungsplätze ausgegraben, so bei Benzingerode und Westerhausen. Nach dem Abklingen der letzten Kälteperiode des Pleistozän und der daraus bedingten Tundra-Vegetation, vollzieht sich in der Mittelsteinzeit ein Klimawechsel. Durch vorherrschendes warmes, trockenes, kontinentales Klima entstanden neue Vegetationsformen und Landschaften. Kiefernwald, Haselwald und Mischwald aus Eichen, Ulmen und Linden begannen sich auszubreiten. Zum Ende der Mittelsteinzeit begann der Eichenmischwald zu dominieren. Bedingt dadurch wurden neue Tierarten heimisch und alte starben aus oder wanderten ab. Jetzt lebten der Waldelefant, das Mercksche Nashorn, Hirsche und Bären in unseren Wäldern. Diese Erkenntnisse verdanken wir maßgeblich der wissenschaftlichen Pollenanalyse. Darunter versteht man das Bestimmen der Blütenstaubkörner, die sich auf Grund ihrer festen Konsistenz in den Bodenschichten erhalten haben.

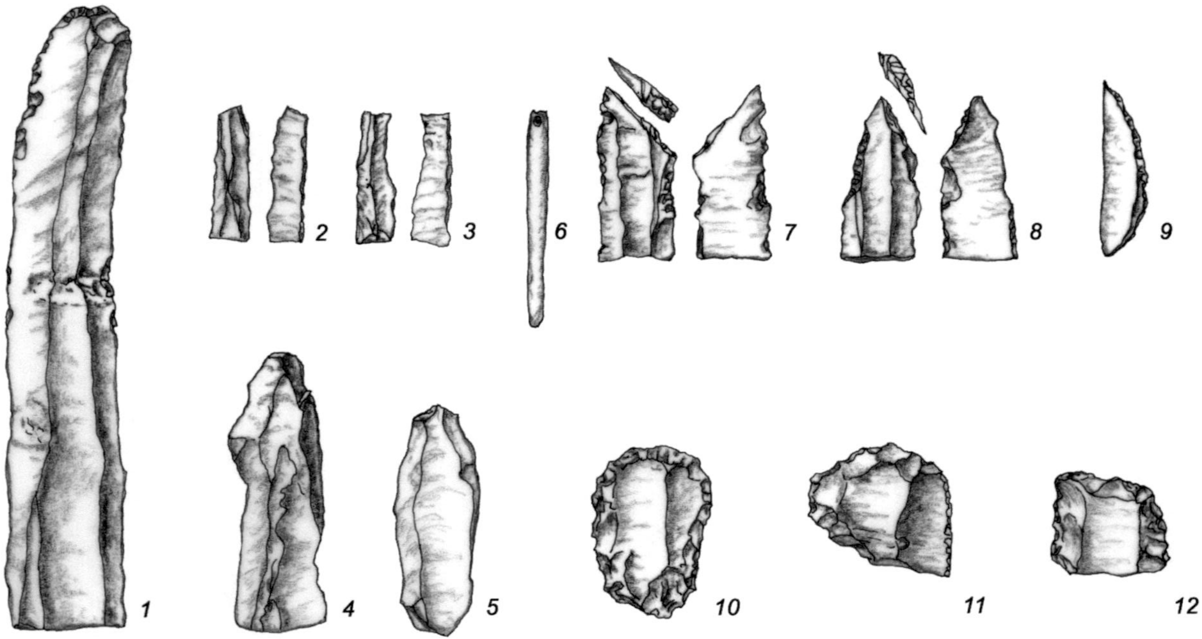

Funde aus der Steinkirche in Scharzfeld - 1 - 5 Feuersteingeräte, 6 Knochennadel, 7-12 Feuersteingeräte
Lisa Berg nach Nieders. Landesmuseum Hannover

Die veränderten Umweltbedingungen veranlassten auch den mittelsteinzeitlichen Menschen zur Änderung seiner Lebensweise, wenn auch nur allmählich. In Gruppen und Horden (10 bis 20 Personen) von Jägern und Sammlern durchzog er weiterhin das Land. Er war nicht sesshaft, sondern verweilte dort, wo Tier- und Pflanzenwelt ein Überleben der Sippe garantierte. In der Art seiner Waffen und Werkzeuge war dennoch eine nachhaltige Veränderung festzustellen. Gegenüber der Altsteinzeit wurden die Feuersteingeräte kleiner und feiner gearbeitet sowie in großer Vielfalt hergestellt. Man spricht auch von so genannten Mikrolithen, die eine geometrische Grundform aufweisen. Es wird angenommen, dass diese Einflüsse aus West- oder Südeuropa gekommen sind. Auch wurden Knochen und Geweihe zu Waffen und Arbeitsgeräten verarbeitet. Der letzte bedeutende Fund dieser Epoche stammt aus dem Jahr 2006 und wurde im Halberstädter Wohngebiet Sonntagsfeld gemacht. Bei Grabungen förderten Archäologen einen Tontopf ans Tageslicht, der sich als älteste und umfangreichste „Werkzeugkiste" Sachsen-Anhalts entpuppte. Enthalten waren verschiedene Beile und Schaber, ein Schleifstein und Knochenspatel, die von den Fachleuten auf 6.000 vor Christus geschätzt werden. Dieser Fund belegt, dass die Menschen in dieser Region schon zu jener Zeit Rodungen vornahmen und begannen, sich Kulturpflanzen nutzbar zu machen.

Betrachten wir die Jungsteinzeit, das Neolithikum, so wird diese Epoche durch einen grundlegenden Einschnitt in die kulturelle Entwicklung des Menschen gekennzeichnet. Vom bisherigen Jäger und Sammler wird jetzt der Wandel zum sesshaften Bauern, Viehzüchter und Handwerker eingeleitet.

Die produzierende Lebensweise bedeutet eine tiefgreifende Veränderung im Leben der Menschen. Darum bezeichnet man diese Epoche auch als „Jungsteinzeitliche Revolution", die größte in der bisherigen menschlichen Entwicklungsgeschichte, vielleicht die größte in der gesamten Menschheitsgeschichte? Das mögen Philosophen und Geschichtsforscher beantworten! Die Jungsteinzeit, das Neolithikum, wird periodisch wieder dreigeteilt in Frühneolithikum (5.500 bis 4.500 vor Christus), Hochneolithikum (4.500 bis 2.800 vor Christus) und das Spätneolithikum (2.800 bis 2.200 vor Christus). Die Begründung, warum man einen Zeitraum von 3.300 Jahren nochmals in drei Unterabschnitte teilt, ist ganz simpel, auch wenn dieser Zeitraum in der bisherigen Entwicklung der Menschheitsgeschichte nur einen „Augenschlag" ausmacht. Die Bevölkerungsdichte wurde größer und somit nahm die Funddichte erheblich zu, was zur exakten Zuordnung der Befunde und Erkenntnisse zeitlich kleinere Einordnungsperioden erfordert. So wie wir heute von den 60er und 70er Jahren sprechen.

Totenhaus der Walternienburger oder Bernburger Gruppe, rekonstruiert nach einem Grabungsbefund bei Nordhausen.

Lisa Berg frei nach Abb. aus: "Archäologie in der DDR - Denkmale und Funde Band 2" Joachim Herrmann

Insbesondere in den Vorharzregionen bot die Natur alles, was der damalige Mensch zum Sesshaft werden benötigte. Fruchtbares Ackerland, das sich gut bearbeiten ließ, Wald, Wild und Wasser als ergänzende Nahrungsquellen, Lehm, Steine und Schilf für den Behausungsbau und Ton zum Töpfern. Und letztendlich Steinmaterial zur Herstellung von Waffen und Arbeitsgeräten sowie Erze, um sich an der Metallherstellung zu versuchen. Die Bandkeramiker sind die in der Harzregion älteste nachgewiesene Bauernbevölkerung, die ab der zweiten Hälfte des 5. vorchristlichen Jahrtausends hier heimisch wurde. Diese Kultur stellt den mitteleuropäischen Zweig des donauländischen Kreises dar. Die anthropologische Untersuchung der Skelette aus frühbandkeramischen Gräbern hat ergeben, dass sie zur ostmittelmeerländischen Gruppe der Europäer gehören. Die Zeitbestimmung konnte physikalisch, mit der Radiokarbonmethode, sehr exakt datiert werden. Diese datiert organisches Material mit Hilfe des in ihm enthaltenen Isotops Kohlenstoff 14 (=^{14}C), dessen Halbwertzeit bekannt ist. Belegt ist, dass jene bandkeramischen Sippen in dorfähnlichen Siedlungen organisiert waren. Durch die Pollenanalyse weiß man, dass sie Getreide anbauten - fast wie heute Gerste, Weizen, Hirse und Emmer, allerdings jeweils in ihrer Wildform, sowie einige Wildgemüsearten. An Haustieren hielten sie Rind, Schaf, Ziege, Schwein und den domestizierten Hund, was durch Opfer- und Grabbeilagen belegt ist. Neue Erkenntnisse zur Jungsteinzeit wird uns künftig wohl auch ein im Jahr 2005 bei Halberstadt entdecktes Dorf der Bandkeramiker geben. Bei der Errichtung einer Erdgastrasse wurden nördlich des Bullerberges 20 Siedlungsgruben ausgegraben, die nach den gefundenen Gefäßen den jungsteinzeitlichen Bandkeramikern des 5. Jahrtausends vor Christus zugerechnet werden können. Mit den unmittelbar auf die Trasse bezogenen Grabungen konnte nur ein begrenzter Einblick über diese Siedlung gewonnen werden. Bei einem größeren Bodenabtrag jenseits der bestehenden Grabungsgrenzen werden Hausreste und Gräber vermutet. Vergleichbare Fundplätze konnten anhand von Fundkartierungen auf den Flussterrassen von Holtemme und Bode lokalisiert werden.

Eine bedeutende befestigte Siedlung dieser Zeit in der Region liegt zwar zirka 40 Kilometer vom Harz entfernt, soll aber ob seiner Bedeutung trotzdem Erwähnung finden. Eilsleben im Bördekreis weist eine etwa 14 Hektar umfassende Siedlungsfläche der Bandkeramiker auf. Die über 70.000 geborgenen Funde umfassen die gesamte Bandbreite von Kulturresten dieser Epoche. Aus den Befunden konnten wichtige Belege für die religiösen Vorstellungen dieser frühen Bauern und Viehhalter gewonnen werden, insbesondere auch für den Kult von Menschenopfern. Die Siedlung hatte im Laufe der Jahrhunderte seiner Besiedlung unterschiedliche Abmaße.

Der Bau eines Bandkeramischen Hauses
Links: das Decken des Daschs, die Herstellung der Flechtwerkwände, und das Verputzen der Wände mit Lehm.
Rechts: das Errichten der Tragpfosten in Gruben und das Verlegen der Dachkonstruktion
Lisa Berg frei nach B. Pfeifroth

Aber immer war sie von einem trapezförmigen Sohlgraben umgeben, dessen Breite bis 6 Meter betrug, bei einer Tiefe von 3,5 Metern. Im Inneren des Erdwalls standen bis zu 30 Meter lange Pfostenhäuser. Die Besiedlung dieses Areals bestand von 5.000 bis 2.000 vor Christus. Eine weitere dieser Bandkeramischen Siedlungen konnte in den Jahren 1956 bis1958 in Eitzum bei Wolfenbüttel ausgegraben werden. In der aufgefundenen Kulturschicht fanden sich Keramik, Steingeräte, Kornmühlen und Hinweise auf feste Gebäude. Auch konnten Haustiere wie Schaf, Ziege und Rind nachgewiesen werden. Eine ^{14}C-Probe ergab ein Alter von 4.500 vor Christus. Auch in Wittmar, gleichfalls bei Wolfenbüttel, konnte ein Gräberfeld der Bandkeramiker sowie der Rössener Kulturgruppe ausgegraben werden. Die bekannteste Siedlung dieser Gruppe im südwestlichen Harz liegt bei Kalefeld (zwischen Osterode und Bad Gandersheim). Die Rössener Kulturgruppe wurde nach einem Gräberfeld bei Merseburg benannt. Sie ist eng an die Bandkeramik anzuschließen und stellt deren Fortsetzung dar. Dass diese nordwestliche Vorharzregion im Landkreis Wolfenbüttel zu dieser Zeit recht stark besiedelt war, zeigt eine weitere Grabanlage. Diese Entdeckung verdanken wir dem Remlinger Ortsheimatpfleger Norbert Koch, der bei einer Feldbegehung auf dem Hohberg bei Remlingen im Jahr 1987 eine besondere Steinkonzentration auffiel.1998 fand dann eine archäologische Probegrabung statt, die ein Mauerkammergrab von etwa 3.000 vor Christus nachwies. Dieses ermöglichte einzigartige Möglichkeit der Einblicke in Lebensweise und Totenkult der jungsteinzeitlichen Bevölkerung. Dokumentation und Datenauswertung erfolgte mit modernsten Techniken. Besonders die gut erhaltenen, verkohlten Holzbalken des ehemaligen Grabdachs erlaubten eine exakte ^{14}C-Datierung sowie eine dendrochronologische Altersbestimmung des Holzes. Auch in Schöningen-Esbeck wurde bei Baumaßnahmen fur das Kraftwerk Buschhaus 1982 eine bedeutende archäologische Entdeckung gemacht. Auf einer Fläche von einem Hektar wurde eine linienbandkeramische Siedlung mit zugehörigen Befestigungsanlagen ausgegraben. Dieses bandkeramische Befestigungswerk gilt als das erste nachgewiesene in Norddeutschland. Wie überall in Mitteleuropa, besiedelten die Bandkeramiker hier die flachen und fruchtbaren Landschaften, während sie die Hügellandschaften mieden. Da man heute annimmt, dass diese Flächen damals bewaldet waren, muss man von einer Rodung der Flächen, in Form von Brandrodungen, ausgehen. Auf den gerodeten Flächen wurden Siedlungen und Felder angelegt. Für die Lage der Siedlungen ist vor allem die Nähe des Wassers bestimmend. Sie bestehen aus einer ganzen Anzahl von festen Holzhäusern, die mitunter von Palisaden oder Gräben umgeben waren. Die Größe der Baulichkeiten schwankt zwischen 15 bis 40 Metern in der Länge und 6 bis 8 Metern in der Breite. Die Wände wurden durch Pfostenreihen gebildet (Pfostenhäuser), die mit Flechtwerk und Lehm

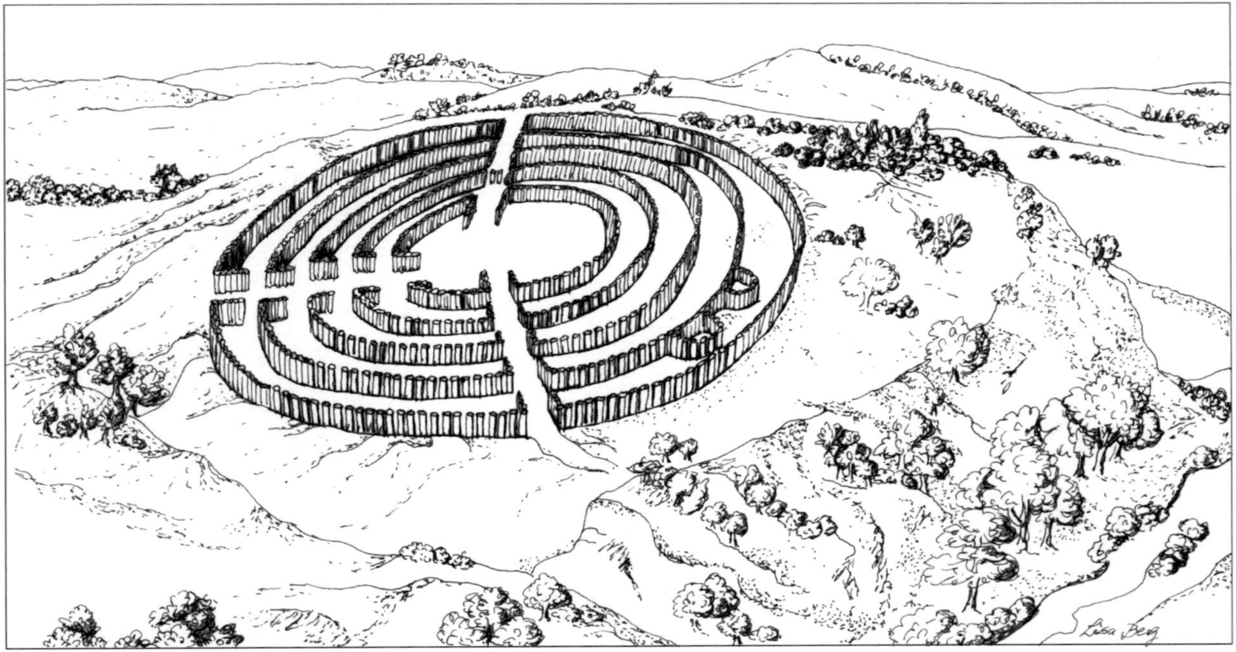

Rekonstruktionsversuch der Rondellanlage Quenstedt, Kr. Hettstedt Blick von Norden
Lisa Berg frei nach Abb. aus: "Archäologie in der DDR - Denkmale und Funde Band 2" Joachim Herrmann

abgedichtet wurden. Ein hohes Firstdach wurde durch Pfosten im Inneren des Hauses getragen. Im Jahr 2010 wurde in einer Feldmark bei Ührde im Landkreis Hannover ein bandkeramisches Haus entdeckt, das man auf 7.200 Jahre schätzt. Es ist ein, für diese Zeit typisches Haus, mit seinen drei, das Dach tragenden Pfosten. Eine große Anzahl von Funden konnte entlang der Trasse der Bundesstraße 6n, die seit 2007 am nördlichen Harzrand die Autobahnen A 395 und A 14 miteinander verbindet, geborgen werden. Die Grabungen entlang dieser Trasse bescherten den Wissenschaftlern sowie dem Heer von Helfern, insgesamt bis zu 230 Mitarbeiter, im Zeitraum von 2000 bis 2007 etwa 950.000 Funde die in 1.900 Pappkartons verpackt wurden. Es wurden 14 Fundstellen mit insgesamt 80 Hektar Fläche untersucht. Der Bereich erstreckt sich von Wernigerode bis Quedlinburg. Die Auswertung der Artefakte wird allerdings wohl noch Jahrzehnte dauern. Einige Erkenntnisse liegen aber bereits vor. So gilt als erwiesen, dass die Region Nordharz von der Jungsteinzeit an, über fast 7.500 Jahre, besiedelt war. Ausgegraben wurden unter anderem Hausgrundrisse und Gräberfelder aus dem Mittelneolithikum. So auch ein Gräberfeld der Baalberger Kultur (zirka 3.800 vor Christus). Diese Kulturgruppe gehört der Trichterbecherkultur an, die wiederum nach der kennzeichnenden Gefäßform benannt wurde. Die Baalberger Gruppe zählt zu der ältesten Gruppe der Trichterbecherleute und wurde nach Grabhügelfunden von Baalberg bei Bernburg benannt. Dieser Friedhof liegt in der Nähe des Lehofs. Zur selben Zeit wurde ein zweiter Friedhof dieser Gruppe am Petersberg angelegt, was wiederum die starke Besiedlung der Region um Quedlinburg schon zu dieser Zeit belegt. Diese Gräber am Petersberg wurden schon mit großen Steinbrocken erbaut, was auf die später aufkommenden Megalithgräber hinweist.

Auch ein Kollektivgrab der Bernburger Kultur (ca. 3.300 vor Christus) wurde bei Quedlinburg erschlossen, das gleichfalls der Trichterbecherkultur zugeordnet wird. Es bestehen aber bemerkenswerte Unterschiede bei der Keramik. Diese Gruppe kennzeichnet eine bauchige, ungegliederte Keramik mit nur leicht eingeritzten Verzierungen. Außerdem ist sie erkennbar an der Mehrfachnutzung der Gräber in Form von Großsteingräbern oder Holzkammern.

Etwas später, etwa 3.000 vor Christus, haben Menschen der Bernburger Kultur bei Benzingerode, zwischen Wernigerode und Blankenburg, rund 40 Frauen, Männer und Kinder in einer Totenhütte bestattet. Diese bestand aus einer Holz-Erde-Konstruktion auf einem umlaufenden Steinfundament. Felssteine und Erde dienten als Abdeckung, der Eingang weist nach Osten

Beginn neolithischer Siedlungen und Ackerbau (etwa 5.500 v. Chr.)
Lisa Berg frei nach Abb. aus: “Schätze des Harzes von der Spätantike bis ins Hohe Mittelalter”

und die Bestattungsstätte hatte die Maße 3,50 mal 9,00 Meter. Diese Totenhütte gilt auf Grund ihrer hervorragenden Erhaltung als einzigartig.

Eine bedeutende Fundstätte dieser Kulturgruppe der Harzregion liegt in Quenstedt bei Aschersleben. Bedeutend an dieser Fundstätte ist insbesondere die nachgewiesene Rondellanlage. Sie bestand aus 5 ovalen Ringen, die im Abstand von 5 bis 6 Metern diese hölzerne, palisadenähnliche Anlage bildeten, deren innerer Ring einen Durchmesser von 35 mal 44 Metern und deren äußerer Ring einen Durchmesser von 95 Metern hatte. Das Rondell stellte ein Ringheiligtum dar. Die aus verkohltem Getreide gewonnenen ^{14}C-Daten liegen zwischen 2.330 bis 2.370 vor Christus. Die Besiedlung dieses Standortes lässt sich bis in die Bronzezeit nachweisen.

Auch in Dedeleben, im großen Bruch bei Halberstadt, befindet sich ein nicht unbedeutender Fundort der Bernburger Kultur, ein trapezförmiges Kollektivgrab in Form eines Totenhauses. Eine weitere bedeutende Fundstätte der Bernburger Kultur stellt das Totenhaus von Nordhausen dar. Gelegen am Stadtrand in der Aue zwischen Helme und Sorge lag es nur 0,8 Meter unter der Oberfläche. Das Grab ist 4, 2 Meter breit und 6 Meter lang. Der Fußboden ist mit Sandstein- und Muschelkalkplatten bedeckt, an den Seiten sind Trockenmauern errichtet und es hatte ein Satteldach. In dem Grab konnten die Reste von 50 Körperbestattungen erfasst werden. In diesem Totenhaus wurden vermutlich drei Sippen im Laufe von 20 bis 50 Jahren beigesetzt.

In Hildesheim Sorsum wurde 1956 bis 1960 ein bedeutendes Felsenkammergrab der Walternienburger Gruppe ausgegraben und untersucht. Eine in Kalkstein geschlagene Grabkammer von 15,5 Metern Länge barg insgesamt Skelettreste von 105 Personen sowie zahlreiche Grabbeigaben.

Abschließend für die Bernburger Gruppe soll noch die Siedlung in Derenburg bei Wernigerode genannt sein. Das umfangreich geborgene Kulturgut lässt auf eine Besiedlung des 170 mal 230 Meter großen Areals bis in die Eisenzeit schließen. Für diese Epoche ist noch eine dritte Kulturgruppe der donauländischen Kultur in der Harzregion nachgewiesen. Die Gaterslebener Gruppe, benannt nach dem Fundort Gatersleben bei Quedlinburg. Diese Kulturgruppe zeichnet sich insbesondere durch ihre Bauchknicktöpfe aus, die neue Einflüsse aus Ungarn, Mähren und Böhmen erkennen lassen. Vor 4.800 Jahren wurde ein Toter bei Westerhausen in einer steinernen Grabkammer bestattet. Für die Reise in die Ewigkeit wurden ihm drei Gefäße mit Speisen beigegeben. Auch zwei Feuersteinbeile, ein Geweihhammer sowie der Unterkiefer

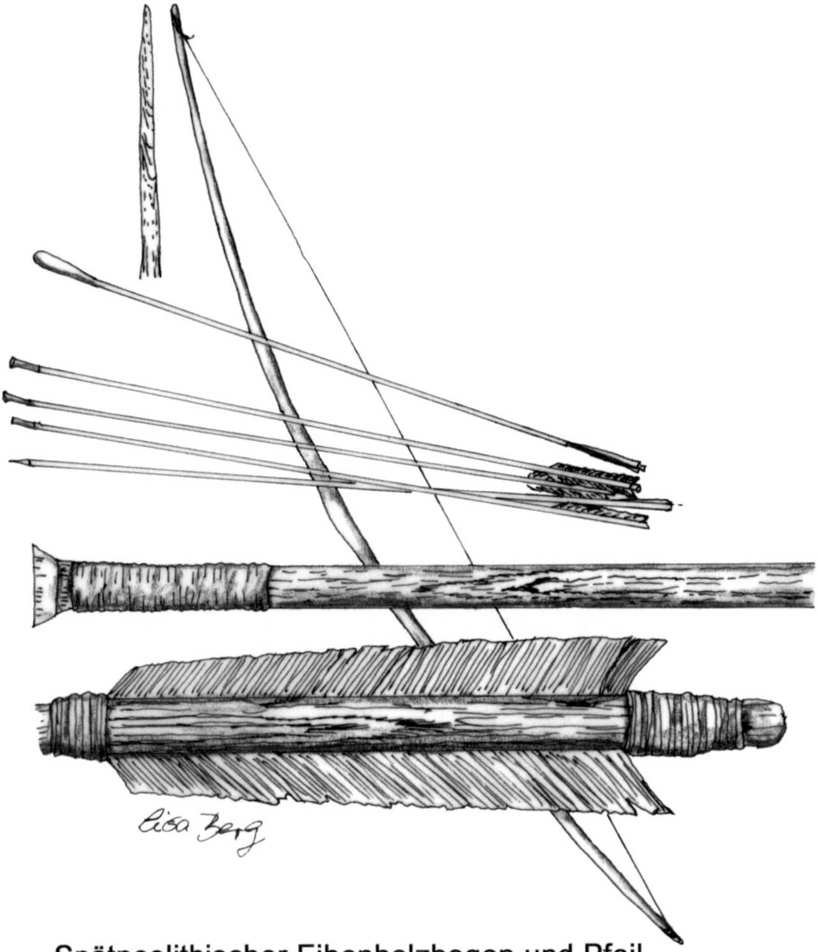

Spätneolithischer Eibenholzbogen und Pfeil
aus Koldingen, Lkr. Hannover
Lisa Berg nach F. Bau

eines Ebers erweiterten die Grabbeigaben. Der Tote ist der Kugelamphorenkultur zuzuordnen. Diese Kultur ist außer in Mitteldeutschland im Havel- und Odergebiet verbreitet. Die Grabkammer ist aufwendig aus schweren Steinplatten gefertigt. Zwei große Deckplatten aus Sandstein, je 800 Kilogramm schwer, schließen das Grab. Selbige wurden aus einer Entfernung von etwa 8 Kilometern vom nördlichen Harzrand herbeigeschafft. Sieben Rinder wurden dem Toten geopfert, um ihn auf seinem Weg in die Ewigkeit zu begleiten. Für die damalige Zeit ist der Wert der Tiere beträchtlich, zumal sich auch 4 junge, kräftige Stiere unter den Opfern befanden. Die Architektur des Grabes in Form einer Steinkiste weist auf die nordeuropäischen Hünengräber hin und lässt auf überregionale Kontakte schließen. Mit einem kleinen Zeitsprung gelangen wir nördlich von Quedlinburg zu einem Hockergrab, welches auf 2.200 vor Christus datiert wird. Es handelt sich wiederum um eine ^{14}C-Datierung. Von Süd-West Europa breitete sich eine Kulturgruppe, die von der Wissenschaft als Glockenbecherkultur bezeichnet wird, sehr schnell über Mitteleuropa aus. Ihr Kennzeichen sind Gefäße und Becher, die auf den Kopf gestellt einer Glocke ähneln. Das 2003 nördlich von Quedlinburg aufgedeckte Grab führt als Grabbeigabe sowohl Keramik nach Glockenbecherart als auch nach Schnurkeramikart. Die beiden Gefäße zusammen in einem Grab sind eine wissenschaftliche Sensation, zumindest für Archäologen! Beweisen Sie doch zum ersten Mal den Kontakt in Deutschland zwischen beiden Kulturen. Die Schnurkeramiker bilden eine neue Kultur im mittel- und norddeutschen Neolithikum. Gekennzeichnet ist diese durch durchbohrte Streitäxte, mit Schnureindrücken verzierte Keramik sowie durch Einzelgräber unter Hügeln, meist mit Steinkisten. Hier, erste Funde von Metallen: reines Gold! Die Glockenbecherkultur ist am Ende der Steinzeit auch eine neue Kulturgruppe in Mitteldeutschland. Sie war aber sonst von Nordafrika über West- und Mitteleuropa bis nach Polen und Ungarn verbreitet. Ihre Heimat vermutet man im südlichen Spanien. Anthropologisch unterscheiden sich diese Glockenbecherleute durch ihren extrem kurzen Schädel von der langschädligen Bevölkerung der Region. Hier, Glockenbecherleute mit erstem Nachweis der Metalle! Ein Brunnen aus der Zeit der Schnurkeramik ist erst der zweite Fund dieser Art in Deutschland und konnte mittels ^{14}C-Datierung auf 2.300 vor Christus beziffert werden. Der Brunnen wurde nördlich von Quedlinburg gefunden. Er ist mit einem Durchmesser von 3 Metern und einer Tiefe von 3,3 Metern vergleichsweise groß und seine Wände waren mit einem Rutengeflecht versehen, welches ein Nachrutschen von Erdmassen verhindern sollte. In ihm wurden verzierte Keramik, Feuersteingeräte, bearbeitete Hölzer sowie Pflanzenreste von Getreide und Linsen gefunden. Eine weitere Kulturgruppe die den Harz tangierte wird als Megalithische Kultur bezeichnet und die Angehörigen dieser Kulturgruppe nennt man Trichterbecherleute.

Ihre Grabbauten, die Großsteingräber, gehören noch heute zu den eindrucksvollsten steinzeitlichen Geländedenkmälern Norddeutschlands. Um die wenigen Großsteingräber im Harzumland ranken sich dabei eine Reihe von Sagen und Mythen, so zum Beispiel um das Steingrab Groß Steinum und die Lübbensteine Helmstedt. Diese Großsteingräber wurden zum überwiegenden Teil aus den Findlingen gebaut, die nach dem Ende der Eiszeit in großen Mengen in Norddeutschland verfügbar waren. Großsteingräber gibt es aber nicht nur in Norddeutschland. Sie treten auch auf verschiedenen Mittelmeerinseln auf, finden sich in Spanien und Portugal, Frankreich, England, Schottland und Irland. Man begegnet ihnen auch in den östlichen Niederlanden sowie in Polen. Es muss einmal sehr viele dieser urzeitlich anmutenden Grabanlagen in Norddeutschland gegeben haben. Ein Hinweis darauf ist noch überliefert: Kammerherr von Estorff führte 1846 in der Gegend von Uelzen eine Zählung dieser Gräber durch. Von den 219 die er damals erfasste, sind heute noch ganze 17 erhalten. Viele Steinblöcke von Großsteingräbern wurden schon im frühen Mittelalter als Kirchen- und Burgfundamente verbaut. Und im 18. Jahrhundert wurde der größte Teil dem Straßen-, Hafen- und Deichbau geopfert. Da ein Großteil diese Megalithgräber zerstört und der verbliebene Rest meist von Grabräubern geplündert wurde, fällt es auch der modernen Archäologie schwer, viele verbleibende Fragen zu beantworten. Die Fachleute geben für die Megalithgräber ein Zeitfenster von 2.500 bis 1.800 vor Christus. Es gibt aber noch weitere Hinterlassenschaften aus dieser Epoche, die Menhire. Die weltweit bekanntesten Menhire stehen wohl in der Bretagne. Um Carnac findet man endlos erscheinende Reihen dieser Steinsetzungen. Aber auch am nördlichen Harzrand - mitten in Deutschland - findet man einige dieser Exemplare, die zu den Megalithen zählen. Es sind die Menhire von Benzingerode, Derenburg und Heimburg. Das 3,80 Meter hohe Exemplar von Benzingerode hat einen Durchmesser von etwa 1,20 bis 1,55 Metern. Er gehört zu einer Gruppe von ursprünglich drei Menhiren. Ein weiterer Menhir befindet sich in gerader Linie, zirka 1 Kilometer entfernt. Er wurde erst im Jahr 2004 wieder aufgerichtet, nachdem er über hunderte von Jahren auf Grund seiner starken Neigung mit Holzpfählen gestützt wurde. Es ist der Derenburger Menhir. Beide Menhire sind aus Senon-Quarzit der Ober-Kreide, einer Gesteinsart, die auch am nördlichen Harzrand vorkommt. Der Dritte dieser ursprünglich vorhandenen Menhire ist der Heimburger Stein, dessen Existenz nur aus Überlieferungen bekannt ist. Der Heimburger Stein soll in Verlängerung der Linie der vorgenannten Steine gestanden haben. Auffällig ist, dass diese gedachte gerade Linie die drei Menhire optisch verbindet. Bei Verlängerung dieser Linie wird auch die Ruine der Heimburg geschnitten um dann auf das Plateau vom Regenstein zu treffen. Vieles deutet auf einen sehr alten Kultplatz hin.

Allerdings rätselt man weltweit, so auch in Sachsen-Anhalt, über die Verwendung und Bedeutung dieser Steinsäulen. Sagenhaftes zu den Menhiren: Einst sollen dort Riesen gelebt haben. Drei von denen buhlten um die Gunst eines hübschen Bauernmädchens. So kamen sie zu einem Wettkampf im Weitwurf von Felsensteinen, der die Entscheidung bringen sollte. Dann aber stellten sie fest, dass ihre geworfenen Steine alle unterschiedliche Größe hatten. Sie konnten sich auf keinen Sieger einigen, nein sie gingen im Zorn auseinander. Schon wenig später sollen die Drei dann die Region für immer verlassen haben. Aber die Menhire, die stecken bis heute im Boden nördlich von Benzingerode.

Gleichzeitig mit der Schnurkeramik tritt die Schönfelder Kulturgruppe auf. Benannt wurde sie nach dem Fundort Schönfeld bei Stendal. Gekennzeichnet ist sie durch ihre eigenartige Keramik, vor allem flache Schalen mit stern- oder parabelförmigen Verzierungen. Die wahrscheinlich dichteste Besiedlung in der Jungsteinzeit rund um den Harz ist im Köthener Land zu vermuten. Diese Region, gelegen zwischen Saale und Elbe, also mit seinem Zentrum nur etwa 29 Kilometer vom Harz entfernt, hat alle in Mitteldeutschland bekannten Kulturgruppen beheimatet. Aufgefunden wurden hier unter anderem die Kulturreste der Megalithik, der Bernburger Gruppe, der Walternienburger Gruppe, der Marschewitzer Kultur, der Bandkeramiker, der mitteldeutschen Amphoren-Gruppe, der Trichterbecherkultur, der Zapfenbecherkultur, der Jordansmühler Kultur, der Rössener Kultur, der Schönfelder Kultur, der Opperschöner Kultur, sowie der Aunjetitzer Kultur. Die überlieferte Tatsache, dass von einem Gutsbesitzer auf seinen Äckern im Laufe seines Lebens von 50 Jahren (von 1875 bis 1925) bei Hohsdorf / Köthen über 500 jungsteinzeitliche Steinbeile gefunden wurden, spricht dabei für sich. Bei Halberstadt, zu Füßen der Spiegelsberge, gibt es einen archäologischen Fundplatz, der seit Jahren bekannt ist. Allerdings hat man erst vor 6 Jahren, im Rahmen von Bebauungsmaßnahmen, begonnen, dort auch archäologische Grabungen vorzunehmen. Gestoßen ist man auf Hinterlassenschaften der 7.500 Jahre alten Linienbandkeramiker. Im sogenannten „Sonntagsfeld“ wurden bisher 6 Langhäuser aus dieser Zeit, zahlreiche Abfallgruben sowie Gräber untersucht. Dabei fanden sich neben Keramik und Steinbeilen auch Perlen und Klappmuscheln (Stachelaustern= Spondylus) aus dem Mittelmeerraum. Außerdem wurden Funde einer Rössener- sowie einer Bernburger Kulturgruppe gesichert. Im Juli 2006 hat erneut ein Grabungsteam seine Arbeit dort aufgenommen, wobei schon nach wenigen Tagen ein Steinkistengrab gefunden wurde. Genaue Grabungsergebnisse sind mir bisher noch nicht bekannt.

Die nachfolgend aufgeführten Kult-, Gerichts-, Thing- und Opferstätten im und um den Harz verdeutlichen die recht intensive Besiedlung der Harzregion zu dieser Zeit; das Gebiet wurde zum Teil bis zur Christianisierung mehr oder weniger intensiv genutzt.

- Goslar: Petersberg mit Klusfelsen
- Bad Harzburg: Elfenstein
- Bad Harzburg: Kultstätte mit Zyklopen
- Mauer und Skulptur sowie Kultstätte Mausefalle
- Bad Harzburg: Rabenklippen
- Eckertal: Säulen des Irmin
- Blankenburg: Regenstein mit Kultstätte im Sande und Wassermühle
- Blankenburg: Teufelsmauer
- Thekenberge
- Halberstadt: Klusberge-
- Timmenrode: Kultstätte des Androgyn
- Westerhausen: Kultstätte Drachenschiff
- Weddersleben: Teufelsmauer
- Thale: Das ganze Bodetal mit Rosstrappe und Hexentanzplatz
- Brocken: Teufelskanzlei
- Schierke: Schierker Feuersteine, Richtstätte und Drachenstein
- Schierke: Mäusestein
- Schierke: Schnarcherklippe
- Braunlage: Jermerstein
- Bad Grund: Hübichenstein
- Scharzfeld: Steinkirche und Schulenberg
- Bartolfelde: Westersteine
- Bad Sachsa: Römersteine und Kuckanstal
- Torfhaus: Schubersteinklippen

Viele dieser Kultstätten sind wissenschaftlich noch nicht erforscht und über ihre Bedeutung kann auch nur spekuliert werden.

Abschließend zu diesem Kapitel sollen noch zwei Funde der neuesten Zeit Erwähnung finden, die archäologisch von besonderer Bedeutung sind. Beim Neubau der Autobahn A 71 wurde 2009 bei Niederröblingen im Landkreis Mansfeld-Südharz ein alter Brunnen gefunden und komplett ausgegraben. Es handelt sich hierbei um einen hölzernen Kastenbrunnen, den derzeit weltweit zweitältesten dieser Bauart. Der verfüllte Brunnen misst 0,9 mal 1 Meter und ist 2,5 Meter tief. Dieser etwa 22 Tonnen schwere Brunnen, wurde als ganzer Block geborgen und in die Restaurierungswerkstatt des Landesmuseums nach

Halle gebracht. Das Innere des Brunnens ist für Archäologen mit einer Zeitkapsel vergleichbar, denn aus ihm lassen sich unzählige Erkenntnisse aus dieser Kulturstufe gewinnen. Nach umfassenden Untersuchungen steht heute fest, dieser Brunnen stammt aus der Epoche der Linienbandkeramiker und ist etwa 7.100 Jahre alt.

Ein weiterer spektakulärer Fund stammt aus Eulau bei Naumburg. Dort wurde 2005 ein steinzeitliches Gräberfeld entdeckt. Die auf ein Alter von 4.600 Jahre datierten Gräber enthielten Gruppierungen von Erwachsenen und Kindern, die Gesicht zu Gesicht beerdigt worden waren, was auf einen Familienverband schließen ließ. In multidisziplinären Forschungen der Universität Mainz, Adelaide und Bristol sowie dem Archäologischen Landesamt Sachsen-Anhalt wurde in einem Grab eine direkte Eltern-Kind-Verwandtschaft analysiert und nachgewiesen. Es konnte mit diesem Grab der älteste molekulargenetische Beweis für eine Kernfamilie erbracht werden. Aber noch weitere interessante Details erbrachten die Untersuchungen. Alle Toten waren Opfer eines brutalen Überfalls, alle waren durch Axthiebe oder durch Pfeile getötet wurden. Grabbeilagen erzählten den Archäologen, dass es sich um eine Gruppe von Schnurkeramikern handelte. Forensische Untersuchungen brachten erstaunliches zu Tage, die getöteten Frauen waren keine Schnurkeramiker und stammten nicht von der Saale. Die Frauen waren Zugehörige der Glockenbecherkultur, die unter anderem am nördlichen Harz ansässig waren. Diese frappierenden Ergebnisse konnten erzielt werden, weil der Strontiumgehalt des Zahnschmelzes der Toten analysiert wurde. Dessen radioaktive Zerfallswerte wiederum lassen sehr präzise Rückschlüsse auf das Wasser zu, das Menschen über einen längeren Zeitraum zu sich genommen haben. Die Archäologen nehmen nun an, dass sich die Schnurkeramiker die Frauen von den Glockenbecherleuten geraubt und diese einen Vergeltungsangriff unternommen hatten. Bei diesem Angriff sind dann wohl zahlreiche Angehörige der Schnurkeramikergruppe getötet und dann von den Überlebenden beerdigt worden.

Die Bronzezeit im Harz

Allgemein gliedert man die Bronzezeit in Deutschland in drei Abschnitte: Frühe Bronzezeit 2.200 bis 1.700 vor Christus, Ältere oder Mittlere Bronzezeit 1.700 bis 1.200 vor Christus, Jüngere Bronzezeit 1.200 bis 800 vor Christus. Daten zur Geschichte der Harzregion: seit 1.000 vor Christus erste Hinweise auf die Nutzung von Rammelsberger Kupfer (Funde von Müllingen).

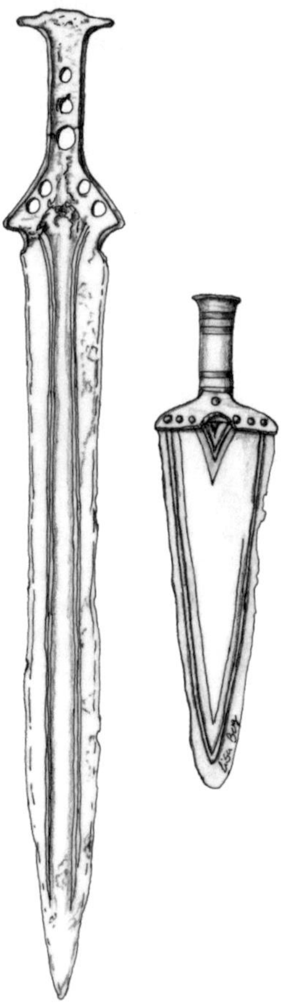

Bronzeschwert von der Katlenburg und Dolch
Lisa Berg frei nach
Schwert: M. Claus "Archäologie im südwestlichen Harzvorland"
Dolch: C. Schwantes "Aus Deutschlands Urzeit"

Zu Beginn der Bronzezeit blieb die Temperaturhöhe wie in der jüngeren Steinzeit. Gegen Ende der Bronzezeit wurde es kälter und erheblich feuchter. Dies sind die maßgeblichen Ursachen für die Entwicklung des Waldes im Harz und seiner Ausbreitung. Dabei nimmt die Buche mit ihren Begleitpflanzen eine dominierende Rolle ein. In der Bronzezeit entwickelte sich maßgeblich die germanische Kulturstufe. Ackerbau und Viehzucht bildeten weiter die Grundlagen der Kultur. Zu den bekannten Getreidearten kam der Hafer hinzu. Die Techniken der Flachs- und Wollgewinnung und -verarbeitung wurden entwickelt. Der wesentliche Kulturfortschritt ist die Gewinnung und Verarbeitung der Metalle Kupfer, Zinn, Gold und Silber. Daraus entstand die nordisch/germanische Formgebung als Beginn künstlerischen Schaffens. Dies kann auch als Ursache für das Aufblühen des Handels angesehen werden. Es entsteht der Kult der Sonnenverehrung im Harz, was zur Schaffung von Weiheplätzen führte. Auch kann angenommen werden, dass in jener Zeit des Übergangs von der Jungsteinzeit in die Bronzezeit der Kult der Naturgötter aufkam. Schritt für Schritt kamen aus dem Norden neue Völker und mit ihnen Odin, Thor, Tyr, Frigga und die anderen germanischnordischen Gottheiten in das Leben der Menschen und nahmen Anteil an ihm.

Am Ende der steinzeitlichen Völkerwanderungen der Indogermanen begannen auch im Harzvorland neue kulturhistorische Entwicklungen. Die Stammesreste der verschiedensten Kulturgruppen begannen zu einheitlichen Völkern zu verschmelzen. Aus kleinen Bevölkerungsinseln erwuchsen Kulturgruppen mit gleichförmigem Kulturgut. Der Übergang von der Steinzeit zur Metallzeit vollzog sich allmählich, beginnend um 2.200 vor Christus bis zur Zeitenwende. Dieser für uns „Sterbliche" große Zeitraum, der aber für die Entwicklungsgeschichte des Harzes und seiner Bewohner nur einen Wimpernschlag bedeutete, stellte gleichzeitig einen der größten bis dato stattgefundenen Kultursprünge dar. Endgültig wurde der Mensch vom Jäger und Sammler zum Ackerbauer, Viehzüchter und Handwerker.

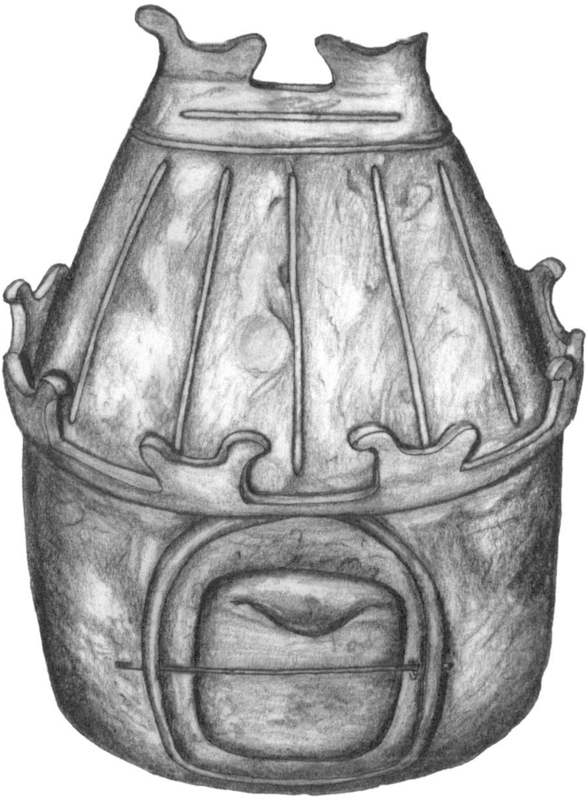

Hausurne

Lisa Berg frei nach: August Lamprich - "Der vorgeschichtliche Mensch, die vorgeschichtliche Besiedlung und Kulturentwicklung im Harzgau"

Germanen der Bronzezeit *gezeichnet von Lisa Berg - frei nach K. Jensen*

Durch modernste Metallanalyseverfahren ist wissenschaftlich erwiesen, dass die in Mitteldeutschland gefundenen Metallartefakte, nicht wie früher angenommen aus dem Morgenland, sondern größtenteils von mitteldeutschen und Harzer Kupfererzen stammen. Durch wissenschaftliche Untersuchungen der Gräberinhalte der Jungsteinzeitleute ist auch festgestellt worden, das die Schnurkeramiker (Kulturgruppe des nördlichen Mitteleuropa, die ihre Toten in Rundhügelgräbern bestatteten und mit Abdrücken geflochtener Schnüre verzierte Tongefäße als Grabbeigabe benutzten) die Entdecker des Kupfererzes und der Erzlagerstätten waren. Wahrscheinlich waren es auch sie, die das Einschmelzen und Verarbeiten der Erze in unserer Region erfunden oder eingeführt hatten. Es ist daher mit Sicherheit anzunehmen, dass schon zu dieser Zeit zumindest die am südlichen Harzrand liegenden Kupferlagerstätten von Eisleben bis Bad Lauterberg sowie von Hohegeiß und Thale bekannt waren und auch genutzt wurden. Die Schnurkeramiker, auch Streitaxtleute genannt, waren ein kriegerisches Nomadenvolk aus dem Schwarzmeerraum, das über die Zwischenstation Thüringen in den norddeutschen Raum einfiel. Ein neues Volk hatte also die Vorzeitbühne betreten, ein Volk mit neuen Riten, neuen Waffen, neuen Techniken, ein Kriegsvolk mit ganz andersartigen religiösen und sprachlichen Wurzeln. In dieser Zeit bildete sich durch Vermischung der verbliebenen endsteinzeitlichen Bevölkerung am Harz, mit wehrhaften bäuerlichen Hochkulturen aus nördlichen Gefilden eine neue Kulturgruppe - die Aunjetitzer (benannt nach dem ersten Fundort Unêtice in Böhmen). Kenntnis aus dieser Zeit (2.000 bis 1.700 vor Christus) haben wir von zahlreichen Grabstätten. Beigesetzt wurden die Toten dieser Kulturgruppe in Hockergräbern und Steinpackungsgräbern. Den geltenden Ritualen entsprechend, wurden die Verstorbenen mit gefesselten Gliedmaßen beigesetzt. Wohl aus Furcht vor der Wiederkehr der Toten? Die körperlichen Überreste dieser frühbronzezeitlichen Menschen zeigen in ihren Rassemerkmalen den Typus nordischer Rassen.

In dichter Besiedlung wie zuvor die Bandkeramiker (so genannt nach den eingeritzten Verzierungen ihrer auf den ersten Blick erkennbaren Keramik), bevölkerten die Aunjetitzer als Ackerbauern und Viehzüchter die Harzregion. Eine wichtige Erscheinung innerhalb der mitteldeutschen Aunjetitzer Kultur stellen die Fürsten- und Häuptlingsgräber dar, wie sie vor allem in Helmsdorf bei Hettstedt und Nienstedt bei Sangerhausen ausgegraben worden sind. Als weiteren wichtigen Grabfund im nördlichen Harzvorland kennen wir das Familiengrab von Werla-Burgdorf-Liet, im Landkreis Wolfenbüttel, das sieben Tote in Hockerstellung enthielt.

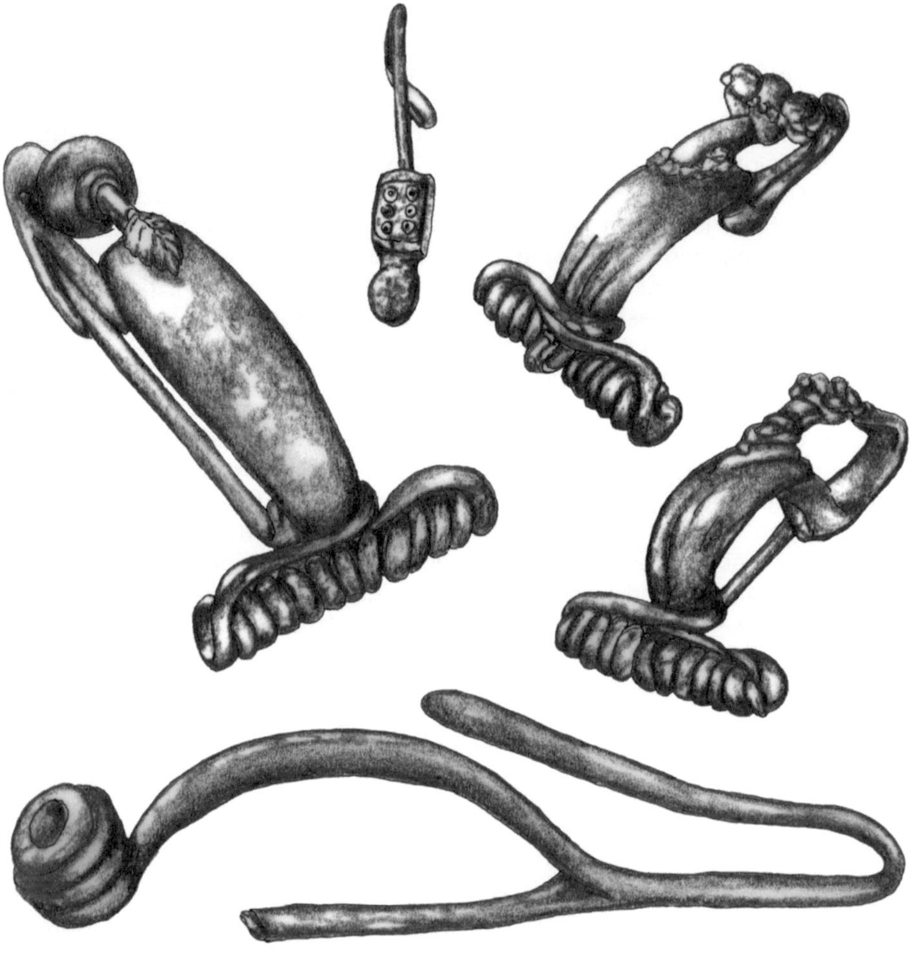

Laténezeitliche Fibeln von der Pipinsburg
Lisa Berg frei nach M. Claus "Archäologie im südwestlichen Harzvorland"

Wieder an der Trasse der B6n: Vor 4.000 Jahren werden zwei junge Männer, Anfang 20, zusammen begraben. Archäologen fanden das Grab und stellten fest: beide Männer haben eine Pfeilspitze in der Brust. Eine ist aus Bronze, die andere aus Feuerstein. Beide Pfeilschüsse waren sofort tödlich, sie trafen in die Lunge. Die nahezu identische Lage der Pfeilspitzen spricht für eine gewollte Tötung. Warum wurden diese zwei jungen und gesunden Männer geopfert? Insgesamt wurden an der Quedlinburger B6n Trasse 11 Grabstätten der Aunjetitzer Kultur ausgegraben und in anderen Trassenabschnitten weitere.

Über die darauf folgende Kulturepoche der mittleren Bronzezeit ist uns nur wenig bekannt. Die vorherrschende Grabform dieser Epoche ist das Hügelgrab. Hügelgräber sind die in größter Zahl erhaltenen Bodendenkmäler überhaupt. Über die Gründe der geringen Besiedlung der Region in dieser Zeit (1.700 bis 1.200 vor Christus) lässt sich nur spekulieren. Erfahrungsgemäß deutet drastischer Bevölkerungsrückgang aber auf Krankheiten, Seuchen oder schlechte klimatische Bedingungen hin, die immer mit Hungersnöten verbunden waren. Da die Hügelgräber auch am auffälligsten sind, lässt sich unter Ihnen die größte Zerstörung und Plünderung feststellen. Vorsichtige Schätzungen gehen davon aus, dass in den letzten 150 Jahren zirka 90 Prozent dieser bronzezeitlichen Grabanlagen zerstört wurden. Aus Grab- und Siedlungsfunden wissen wir allerdings, dass die Menschen dieser Zeit bereits spinnen und weben konnten. Einen wichtigen Fundort für diese Zeit, im Bereich des südwestlichen Harzes, stellt der Grabhügel am „Wolfsplatz“ bei Wachenhausen, zwischen Osterode und Northeim, dar. Der dort bereits um das Jahr 1850 geborgene Fund besteht aus Radnadel, Armring, Armspirale sowie keramischen Beigaben und lässt seinen Formen entsprechend auf Kulturaustausch zwischen der Osthessischen und der Lüneburger Gruppe schließen.

Ein weiterer bedeutender, aber kleiner Hortfund im Nordharzvorland bei Dettum, Landkreis Wolfenbüttel, ist wegen eines Prachtdolches bemerkenswert. Ein bedeutender Grabhügel aus dieser Zeit liegt bei Klein Vahlberg, in der Nähe von Schöppenstedt. Dort liegt der „Galgenberg“ auf einer langgestreckten Anhöhe östlich der Asse. Mit einem Durchmesser von etwa 20 Metern sowie 4 Metern Höhe ist er der eindrucksvollste Grabhügel im Nördlichen Harzvorland. Bei Ausgrabungsarbeiten im Jahr 1907 wurden mehrere Aufschüttungsphasen und somit Nutzungsphasen festgestellt. Grabbeigaben lassen den Schluss zu, dass dieses Hügelgrab Grabstätte von Glockenbecherleuten, Aunjetitzern und abschließend von Menschen der Merowingerzeit war.

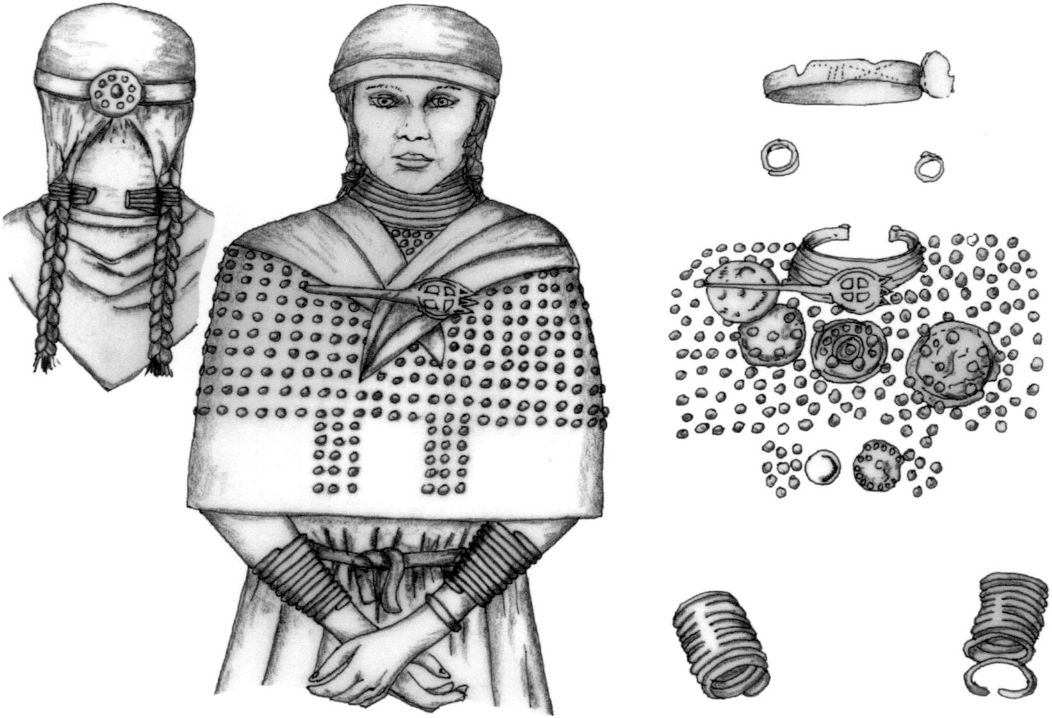

Rekonstruktionsversuch einer Frauentracht nach der Lage von Bronzegegenständen
in einem Grab (Befund rechts) von Wardböhmen, Lkr. Celle
Lisa Berg frei nach F. Laux 1984

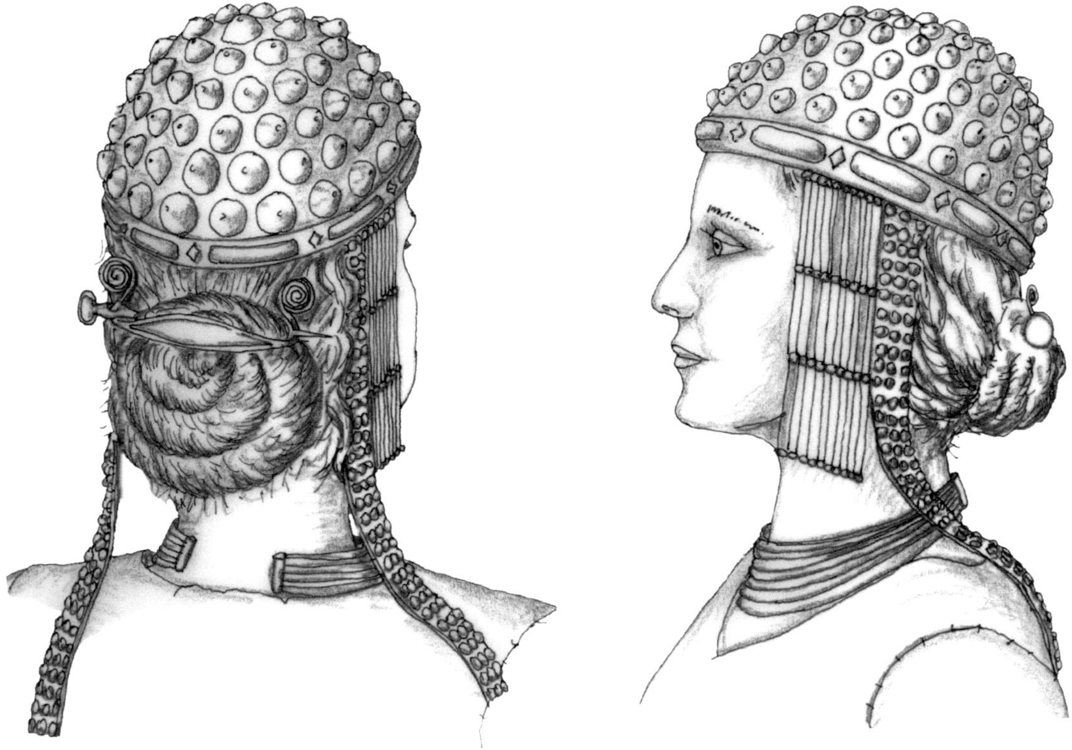

Kopfschmuck mit Haube einer bronzezeitlichen Frau.
Rekonstruktion nach einem Grabbefund bei Bleckmar, Lkr. Celle
Lisa Berg frei nach H. Piesker 1958

In jüngerer Zeit wurde der Hügel dann als Gerichtstätte genutzt, woher der Name „Galgenberg“ rührt.

Für den Kulturabschnitt der jüngeren Bronzezeit (1.200 bis 800 vor Christus) nimmt die Anzahl der Funde stark zu, was Zeugnis gibt von einer zunehmenden Besiedlung der Region. Ein bedeutender Bronzehortfund wurde an den „Kleinen Gegensteinen“ bei Ballenstedt geborgen, wo eine bronzezeitliche Höhensiedlung nachgewiesen ist.

Bei Quedlinburg, nordöstlich des Lehhofs, wurde ein bedeutender Depot-fund bei einer Kultstätte der jüngeren Bronzezeit geborgen. Der kostbare Fund besteht unter anderem aus einem verzierten Bronzeschwert, Fibeln, Hals- und Armreifen, einer langen Halskette und stellt im Quedlinburger Schlossmuseum einen Hauptanziehungspunkt dar. Auch im südwestlichen Harzvorland, im Bereich der Pipinsburg bei Osterode, weist umfangreiches Fundmaterial auf eine Besiedlung in der jüngeren Bronzezeit hin. Dabei hat es sich um eine offene, unbefestigte Siedlung auf der Höhe des Berges gehandelt. Auch ließ sich für die Pipinsburg in einer zweiten Kulturschicht Fundmaterial für die Besiedlung in der folgenden Eisenzeit nachweisen.

Die Kulturgruppe dieser Zeit hatte einen neuen Gefäßstil kreiert, den Lausitzer Stil, der, wie sein Name verrät, östliche Einflüsse beinhaltet. Diese ansässige Kulturgruppe erhielt ihren Namen nach Funden aus der Lausitz. Man nennt die Träger dieses Kulturkreises auch Illyrier. Die Bestattungsart und Totenehrung der Illyrier ist die Totenverbrennung und die Beisetzung der Asche in Urnen. Auch fand das Gold zu dieser Zeit Eingang in die Harzregion, wie Funde von Schneidlingen, Oschersleben und Crottorf belegen. Es ist anzunehmen, dass die Illyrische Kulturgruppe zum Ende der Bronzezeit durch von Norden vordringende germanische Kulturgruppen verdrängt wurde.

Um den Kyffhäuser, einen an den Südharz angrenzender Höhenzug, ranken sich seit Urzeiten Sagen und Mythen. Dass derartigen Sagen oft viel ältere Wurzeln zugrunde liegen, die in vorgeschichtliche Zeiten zurückreichen können, wurde an diesem Ort erneut unter Beweis gestellt. Der Archäologieprofessor Günter Behm- Blancke entdeckte 1951 in den Südhängen des Höhenzuges ein Höhlensystem, das schon im 6. bis 7. Jahrhundert vor Christus den Menschen als Kultstätte gedient hatte.

Längsschnitt durch das Fürstengrab bei Helmsdorf (Thür.)
Lisa Berg frei nach Größler und Höfer

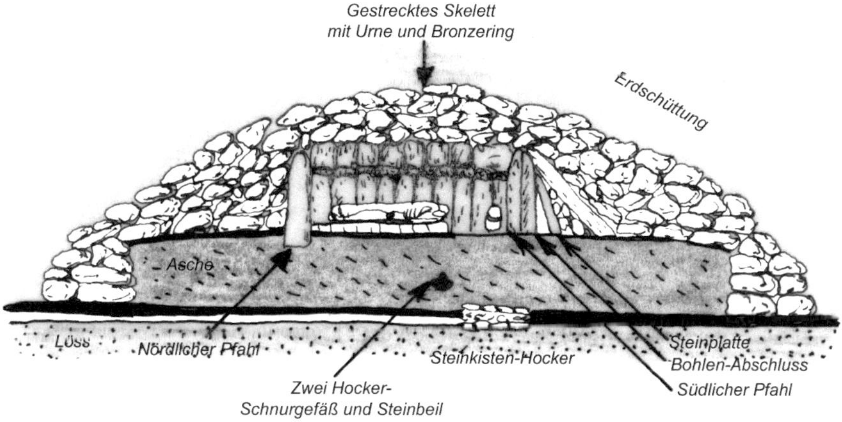

Dies an sich wäre keine wissenschaftliche Sensation. Dass aber auf der Grundlage von über 100 Skelettresten, unter Hinzuziehung von Anthropologen, der Beweis von Menschenopfern erbracht werden konnte, ist wissenschaftlich schon bedeutender. Kannibalismus in der vorgermanischen Kultur, bis dato undenkbar, war „die" neue Erkenntnis. Über die Hintergründe dieser Opferzeremonien gibt es zahlreiche Theorien. Eine der wichtigsten Erkenntnisse ist: Die „Kannibalen am Kyffhäuser" müssen über anatomische Kenntnisse verfügt haben, wie heutige Pathologen. Nach den Opfermahlzeiten wurden die Überreste sowie weitere Opferbeigaben in Opferspalten hinterlassen. Es waren wahrscheinlich Illyrer, die an diesem Ort von 1.400 bis 600 vor Christus ihre Ritualmalzeiten im Kult der Muttergottheit huldigten. Sie wurden von den Germanen vertrieben, aber der Kyffhäuser blieb eine magische Stätte.

Mit Beginn der Jungbronzezeit wurde auch in der Mitteldeutschen Region die Brandbestattung eingeführt. Diese Form der Bestattung wurde im heutigen Israel zuerst entdeckt und ist zirka 30.000 Jahre alt. Bis 1.200 vor Christus bleibt die Leichenverbrennung aber in heimischen Gefilden ein seltenes Ritual.

Querschnitt und Grundriss des Fürstengrabes bei Leubingen (Thür.)
Lisa Berg frei nach F. Jaensch

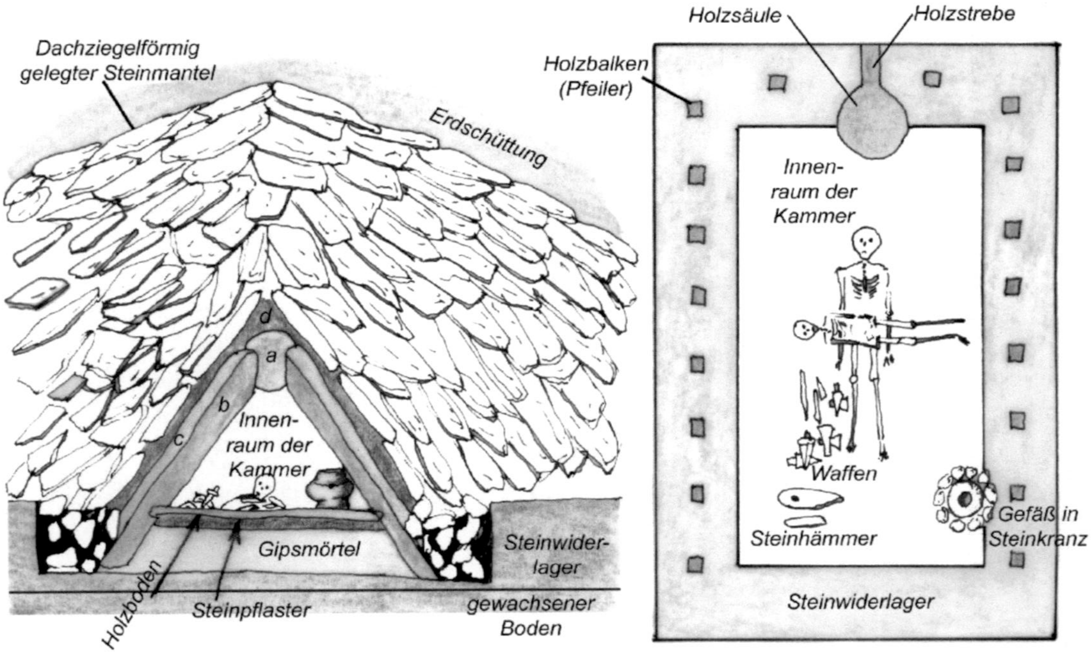

a- Firstbalken; b- Holzbalken (Pfeiler); c- Bohlen; d- Schilfdach

Der wahrscheinlich älteste Nachweis einer Urnenbestattung in der Harzregion wurde abermals beim B6n - Trassenbau erbracht, und zwar im Jahr 2001 bei Benzingerode.

Goldschmuck aus den Fürstengrabhügeln bei Helmsdorf und Leubingen
Lisa Berg frei nach Größler und Höfer

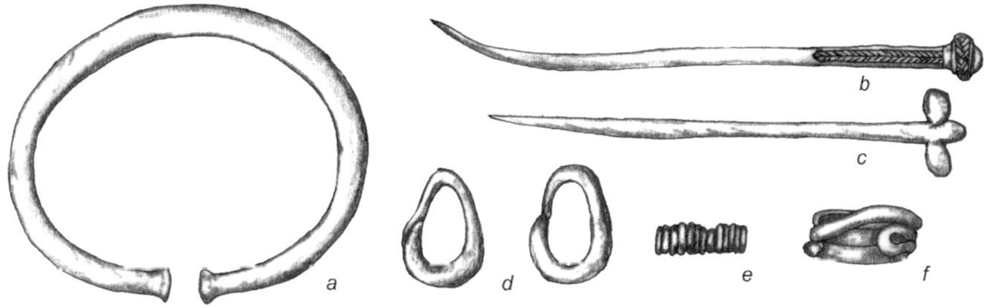

aus Helmsdorf: a- massiver Handring mit Stollenenden; b-Säbelnadel; c-Säbelnadel mit Kreuzbalkennadelkopf; d- Goldgehänge (Ohr- oder Lockenringe); e- Spiralröllchen
aus Leubingen: f- Fingerring

Im nördlichen Harzvorland, unweit von Schladen – genauer in Isingerode – gibt es ein archäologisches Flächendenkmal. Schon im Urkataster von 1899 wurde diese Flur als solches bezeichnet und „Schwedenschanze" genannt. Der Verein „Freunde der Archäologie im Braunschweiger Land" – kurz FABL e.V. – nahm im Jahr 2006 die Herausforderung an, diese archäologische Anlage zu erforschen. Wissenschaftlich begleitet werden die Hobbyarchäologen dabei vom Braunschweiger Landesmuseum. Schon nach ersten Grabungen und Untersuchungen stellte sich heraus, dass es sich um eine größere Siedlungs- und Befestigungsanlage handelt. Zahlreiche Grabungsfunde belegten sehr bald, dass es sich bei der „Schwedenschanze" um eine mehrfach befestigte Siedlungsanlage handelt, die in der jüngeren Bronzezeit angelegt wurde. Die Größe der Anlage, die man Isiburg taufte und ihre zentrale Lage, lässt auf ein bronzezeitliches Handelszentrum schließen, eines der wichtigsten seiner Zeit. Die Funde konnten auf einen Zeitraum von etwa 1.200 bis 700 vor Christus datiert werden. Die keramischen Funde zeigen eine kulturelle Zugehörigkeit zur „Saalemündungsgruppe". Ob die Siedlung auf Grund von Bränden oder kriegerischen Zerstörungen ungefähr 700 vor Christus aufgegeben wurde ist bisher unklar. Erwiesen ist, dass der Burgwall um Christi Geburt erneut befestigt wurde und auch eine neue Siedlung entstand. Die Grabungen an der Außenanlage sind inzwischen abgeschlossen. Nun ist ein neues Grabungsfeld abgesteckt, in dem das Innere der Anlage erforscht werden soll. Seien wir gespannt, welche Geheimnisse uns die Isiburg in den nächsten Jahren noch preisgeben wird.

Fast jeder Mensch interessiert sich für seine Familie. Viele interessieren sich für Genealogie und können stolz auf einen Stammbaum von ein paar hundert Jahren verweisen. Aber wer kann 3.000 Jahre alte Ahnen vorweisen, Ahnen aus der Bronzezeit? Sicher keiner, werden Sie jetzt denken. Schriftliche Aufzeichnungen gibt es im germanischen Kulturraum erst seit dem Frühmittelalter. Als ältestes schriftliches Zeugnis einer germanischen Sprache wird die Wulfilabibel angesehen, sie stammt aus dem 4.Jahrhundert. Und trotzdem, es gibt zwei Männer, die können auf eine 3.000 jährige Abstammung verweisen. Und diese Männer stammen aus dem Harz, aus dem Raum Osterode.

Alles begann 1972 mit der neuzeitlichen Entdeckung einer Höhle im Vorharzer Höhenzug Lichtenstein, gelegen zwischen Osterode und Förste. Bereits in den 1980er Jahren fanden Höhlenforscher menschliche Knochen und Schmuck. 1992 verschafften sich Raubgräber gewaltsamen Zugang zu der verschlossenen Höhle. Um weiteren Zerstörungen vorzubeugen, wurde eine archäologische Grabung unter der Leitung von Kreisarchäologe Dr. Stefan Flindt beauftragt. Die Archäologen fanden 38 menschliche Skelette sowie zahlreiche Artefakte. An Hand der Funde konnte eine Datierung in die Frühbronzezeit erfolgen.

Das Besondere an den Knochenfunden, durch das kalkhaltige Wasser der Höhle sowie der konstant niedrigen Temperatur, waren die Knochen sehr gut erhalten, praktisch konserviert. Selbst die DNA der Knochensubstanz war erhalten und ließ sich molekularbiologisch untersuchen. Die DNA-Analyse und der daraus gewonnene genetische Fingerabdruck ergaben eine wissenschaftliche Sensation. Dr. Susanne Hummel vom Göttinger Institut für Anthropologie hatte mit drei Generationen den ältesten Familienclan der Welt entdeckt. Das analysierte spezifische Gen-Muster der gefundenen Männerskelette ließ eine Idee aufkeimen. Gibt es noch Nachkommen der Bronzezeitmenschen in der Region und lassen sich diese ausfindig machen?

Es folgte ein Aufruf zum Speicheltest an Alteingesessene der 6 umliegenden Dörfer. Diese einzigartige Aktion fand regen Zuspruch, rund 300 Anwohner stellten sich der Wissenschaft zur Verfügung. Und dann 2007 der wissenschaftliche Paukenschlag. 2 Männer wurden als ferne Verwandte ermittelt, abstammend über etwa 120 Generationen vom selben Mann, „Eindeutig wie beim Vaterschaftstest“ so Dr. Hummel. Berufsschullehrer Manfred Huchthausen und Landvermesser Uwe Lange, die sich vorher nur vom Sehen kannten, haben einen gemeinsamen, 3.000 Jahre alten Stammbaum. Somit hat der

Harz eine Novität in der Wissenschaftswelt, den ältesten nachgewiesenen Stammbaum der Welt.

Seit Juni 2008 hat das nahe gelegene Bad Grund eine neue Harzer Besucherattraktion. Das Iberger Höhlenerlebniszentrum wurde nach nur 19 Monaten Bauzeit und einer Investition von 3,85 Mio. Euro eröffnet. Erste Überlegungen dazu, und somit die Idee, kamen vom Ausgräber Kreisarchäologen Dr. Flindt. Damals, in der Planungsphase, konnte man die endgültigen und einzigartigen wissenschaftlichen Ergebnisse der Forschung noch nicht absehen. Heute ist ein Museum entstanden, das 160 Meter in den Berg vordringt und einzigartig in Deutschland ist.

Die Eisenzeit im Harzgebiet

Die Eisenzeit in Deutschland ist in zwei Zeitabschnitte einzuteilen:
- Frühe Eisenzeit - etwa 800 bis 500 vor Christus
- Entwickelte Eisenzeit - etwa 500 vor Christus bis Geburt Christi

In dieser Zeit hielt der Temperaturrückgang weiter an. Die fortschreitende Klimaverschlechterung, verbunden mit vielen Niederschlägen, förderte eine weitere Entwicklung des Waldes. Das hatte zur Folge, dass sich auch Waldpflanzen und Waldtiere weiter ausbreiten konnten. Auch fand eine stetige Entwicklung der einheimischen germanischen Kultur statt.

Ackerbau und Viehzucht waren weiterhin die Kulturgrundlagen. Zu den bisher angebauten Getreidearten kam der Roggen hinzu. Der Hakenpflug wurde zum Räderpflug weiterentwickelt.

Der bedeutende Kulturfortschritt war die Gewinnung und Verarbeitung des Eisens. Es wurden Verarbeitungstechnologien wie Schmieden, Gießen und Härten entwickelt. Bronze wurde mit Silber und Gold zum Schmuckmetall.

In unserer Harzregion saß in der frühen Eisenzeit noch die Bevölkerung aus der Bronzezeit, die sich aber durch stetiges Ein- und Auswandern verschiedenster Völker zunehmend durchmischte und deren Kulturentwicklung stetig fortschreitend und immer stärker durch das Metall beeinflusst wurde. War anfangs das Eisen noch selten und wurde daher hauptsächlich als Schmuckmetall genutzt, so wurde es nach der Entdeckung und Verarbeitung des einheimischen Raseneisenerzes unserer sumpfigen Niederungen und anderer heimischer Erzvorkommen wie zum Beispiel am Iberg bei Bad Grund nach und nach zum Werkmetall.

Eisen hat zwar eine erheblich höhere Schmelztemperatur gegenüber Kupfer, ist aber wesentlich leichter zu schmelzen und zu schmieden, denn Kupfer muss erst noch zu Bronze legiert werden. Auch hat Eisen erheblich bessere Gebrauchseigenschaften bei Waffen und Arbeitsgeräten und was neu war, war teuer und wertvoll. Also mussten neue technologische Verfahren erdacht werden, um Eisen in größeren Mengen herstellen zu können. Es wurden aus Lehm und Weidengeflecht Öfen gebaut, die zum Schmelzen der „Luppe“ geeignet waren. Diese Öfen werden als Rennfeueröfen bezeichnet.

Die gewonnene Luppe wurde dann in weiteren Arbeitsgängen gereinigt und so zu schmiedbarem Eisen. Der Eisenanteil dieses „Ureisens“ war extrem hoch. Fast reines Eisen, was eine Korrosion beziehungsweise Oxidation der

Eisenprodukte weitestgehend verhinderte. Es ist zu einem großen Teil diesem Umstand zu verdanken sowie den entsprechenden Bodenverhältnissen, dass uns bis heute gut erhaltene Eisenartefakte erhalten geblieben sind. Die Qualität des Eisens, insbesondere seine Korrosionsbeständigkeit und die seiner Produkte nahm über die Jahrhunderte mit steigendem Bedarf ständig ab, bis zur Erfindung des nichtrostenden Stahls.

Dies ist auch die Ursache dafür, dass viele germanische sowie römische Funde nicht als solche erkannt werden, sie sehen einfach noch zu frisch aus und ihre Form unterscheidet sich nicht von spätantiken Artefakten.

Kulturgeschichtlich wird die frühe Eisenzeit in unserer Region insbesondere durch Ihre Totenbestattung und Totenehrung geprägt. Die Totenverbrennung und die Bestattung der Asche in Urnen wurden, wie schon beschrieben, wahrscheinlich durch die Schnurkeramiker in Norddeutschland verbreitet. Vielfältig und zum Teil gut erhalten sind die Funde an Grabgefäßen aus dieser Epoche in der Harzregion. Prägnant sind dabei die sogenannten Haus- und Gesichtsurnen. Vielfach zeigen uns die Hausurnen eine Abbildung der damaligen Behausungen, wie wir sie zum Beispiel auch von den Etruskern kennen. Schon in früheren Zeiten hatte man versucht, die Ruhestätte der Toten den Wohnungen der Lebenden nachzuempfinden. Dazu hatte man über den Toten richtige Dächer aus Eichenholz errichtet, über die man dann den Grabhügel aufschüttete. Dieser Gedanke, den Toten eine Behausung zu geben, wirkte somit auch fort, als man die Toten verbrannte. Die Asche brauchte nicht viel Raum und in Ton ließen sich die Behausungen leicht nachbilden.

Als runde Hütten mit Kuppeldach, die viele Hausurnen zeigen, haben noch 600 Jahre später die Römer die Behausungen der Germanen dargestellt. Unter Fachleuten wird neuerdings auch die Meinung vertreten, dass die Hausurnen nicht Nachbildungen von Wohnhäusern, sondern solche von Speichern sind. Wie dem auch sei, auf jeden Fall sind es Nachbildungen von Baulichkeiten unserer Vorfahren. Den Gesichtsurnen dagegen wird eine Dämonenabwehr zugeschrieben, indem man stilisierte Gesichtsabbildungen auf den Totengefäßen anbrachte.

Moderne Feuerbestattung setzt eine religiöse Weltanschauung voraus, wie sie unsere eisenzeitliche Bevölkerung nicht hatte.

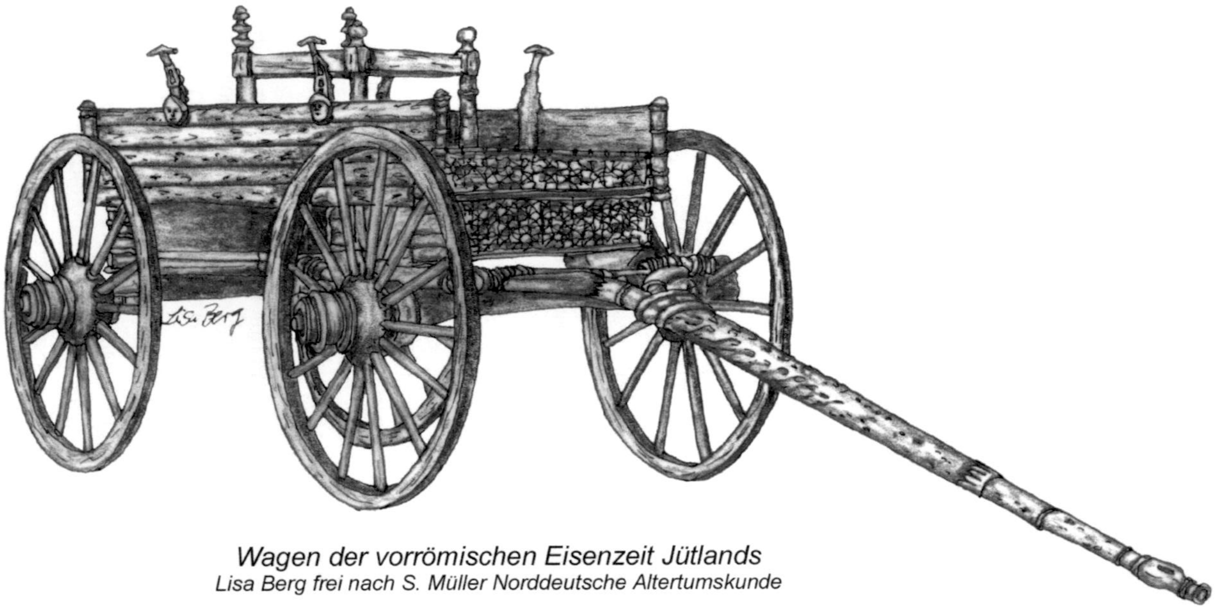

Wagen der vorrömischen Eisenzeit Jütlands
Lisa Berg frei nach S. Müller Norddeutsche Altertumskunde

Es ist anzunehmen, dass der Urglauben an Licht und Sonne in der religionsgeschichtlichen Entwicklung der nordischen Völker zu suchen ist. Denn ein solcher Glaube kann nur dort entstehen und sich entwickeln, wo Licht und Sonne entscheidende Auswirkungen auf das Leben der Völker ausübten. Also in nordischen Gefilden, mit ihrem Tag- und Nachthalbjahr.

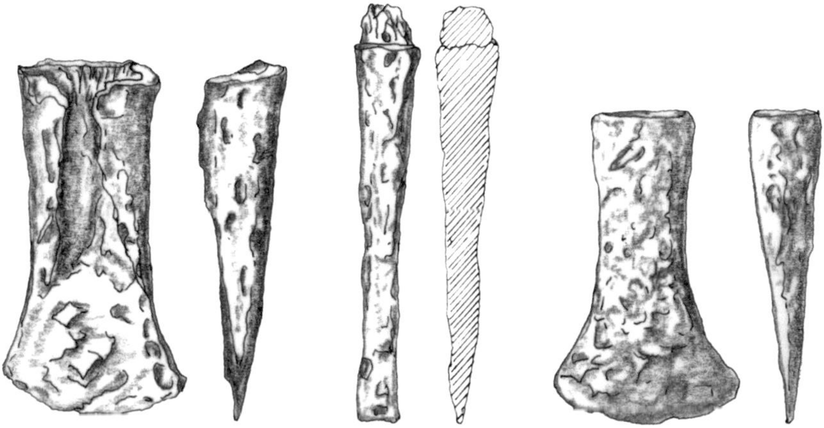

Tüllenbeil *Tüllenmeißel* *Tüllenbeil*

Eisengeräte von der Pipinsburg bei Osterode
Lisa Berg nach W. Schlüter 1975

Allerdings gehen neueste Forschungsergebnisse davon aus, dass zuerst der Glaube und die Anbetung des Mondes vorherrschten und zwar schon in der Steinzeit, denn Lebensgrundlage der Menschen dieser Zeit war die Jagd und die fand damals wie heute vorrangig nachts statt. Um dann erfolgreich sein zu können, war gutes Sehen, also das Licht des Mondes, von entscheidender Bedeutung. Dann nahmen die großen Pflanzenfresser mehr und mehr ab, die Jagd wurde beschwerlicher und konnte die Sippen kaum noch ernähren.

Dies war wahrscheinlich der entscheidende Impuls für die Menschen, sich eine neue Nahrungsgrundlage zu schaffen, die Feldwirtschaft. So nahm die Bedeutung des Mondes ab und die der Sonne und ihres Lichts erlangte maßgebende Bedeutung für gute Ernten oder aber Missernten und Hunger.

Diese Epoche, der Wandel des Nahrungserwerbs vom Jäger zum Bauern, ist „sozial- und gesellschaftspolitisch" die bedeutendste Entwicklung der Menschheitsgeschichte. Es entstand auf dieser Basis langsam Eigentum an Landbesitz, die Menschen wurden sesshaft. Eine stille Revolution, die sich aber nachhaltig als Kriegsursache bis zum heutigen Tag auswirkt.

Einen Bezug dazu gibt uns auch der griechische Geograph Strabo. In seiner kurz nach Christi Geburt verfassten Erdbeschreibung „Geographica“ nimmt er einen Rückgriff auf seinen Landsmann Pytheas vor und bezichtigt selbigen als Erzlügner. In seiner Schrift „Über den Ozean“, die am Ende des 4. vorchristlichen Jahrhunderts verloren gegangen ist, beschreibt Pytheas folgendes: *„...weil die Sonne im kalten Norden niemals in hellem Glanze erstrahle, werde das Getreide in große Scheunen gebracht. Dort dresche man es, da es aus Mangel an Sonne und infolge des vielen Regens sonst verderbe.“* Das gleiche gelte für Berichte von hellen Sommernächten, in denen die Sonne nicht untergehe, von dunklen Winternächten, in denen die Sonne nicht aufgehe und von einem Meer, das erstarre. Aber Strabo schenkt seiner Vorlage keinen Glauben. Wir erfahren dennoch aus dieser antiken schriftlichen Quelle, wie es in Nordeuropa ausgesehen hat.

An der Verehrung der Sonne, die gleichzeitig auch den Mond und die Gestirne mit einschloss, hielten alle germanischen Kulturgruppen fest. Viele Naturerscheinungen erregten gleichfalls ihre Aufmerksamkeit und wurden „beseelt“, wie Blitz, Donner, Quellen, aber auch Tiere und Pflanzen wurden für heilig gehalten.

Zahlreiche Stätten dieser Verehrung sind am Harz erhalten geblieben. Genannt seien hier die Klusfelsen bei Halberstadt, der Gläserne Mönch bei Blankenburg, der Regenstein, die Ulekenburg mit Jullöchern, der Bocksberg und die Sonnensteine bei Derenburg, die Schanzenburg bei Heudeber-Danstedt, der Boxorenberg bei Deersheim und die Sonnensteine bei Westerhausen.

Bei der Sonnenverehrung wurde die Sonne als goldene Scheibe, als laufendes Rad, als Wagen, als Kreuz, als Sonnenwirbel und als Spirale Verehrungsgegenstand. Das Pferd wurde als heiliges Tier mit der Sonne verbunden.

War die Harzregion während der älteren Eisenzeit wieder reich besiedelt, was durch zahlreiche Funde und Fundorte belegt ist, so ändert sich das Bild in der darauf folgenden so genannten „entwickelten“ (jüngeren) Eisenzeit.

Eine bedeutende Fundstätte der Eisenzeit ist der Eichberg bei Gielde, Landkreis Wolfenbüttel. Dort konnten 52 Gräber eines Urnengräberfriedhofs untersucht werden. Die Anlage umfasste ursprünglich vielleicht über 100 Gräber, der Rest war bereits zerstört oder geplündert. Dieser Friedhof gehört zu den wenigen, die durch die gesamte Eisenzeit hindurch belegt wurden.

Auch wurden die Archäologen an der B 6n-Trasse bei Quedlinburg wieder fündig. Am Jätchenberg bei Westerhausen wurde ein Grabgelege aus der Zeit um 800 vor Christus gefunden, das mit zehn jungen Männern bestückt war, die wahrscheinlich bei kriegerischen Auseinandersetzungen umgekommen waren. Eine der bekanntesten und fundreichsten Stätten aus dieser Zeit ist Questenberg bei Sangerhausen. Es handelt sich dabei um eine Wallburg mit Holz-Erde-Wällen der frühen Eisenzeit bis Latènezeit.

Bei Meisdorf gefundene Bronze- und Eisenschlacke sowie Gußkuchen beweisen auch, dass die ansässigen Germanen zu jener Zeit schon im Unterharz Kulturgut aus Metall herstellten

Diese Zeitepoche wird, nach einem im Süden der Schweiz gelegenen, keltischen Siedlungsplatz La Tène, auch Latène-Zeit genannt.

In unseren nord- und mitteldeutschen Mittelgebirgen gab es schon lange vor den mittelalterlichen Schutzburgen aus Stein ein Netz aus befestigten Fluchtburgen, die auf ausgewählten Höhenlagen angelegt wurden.

Diese Standorte waren auch in den folgenden Jahrhunderten von strategischem Interesse und wurden daher, zum Teil mehrfach, überbaut. An diesen Standorten sind diese vorzeitlichen Fluchtburgen daher nur noch schwer nachzuweisen, am ehesten durch archäologische Grabungen. Dort wo diese Hinterlassenschaften noch erkennbar waren, beflügelten sie die Phantasie der Menschen und fanden ihre Erklärung in Sagen, Mythen und Legenden.

Heute, in unserer wissenschaftlich geprägten Welt, haben wir die Erkenntnisse gewinnen können, dass die Ursprünge dieser frühen Befestigungsanlagen in die späte Eisenzeit, die sogenannte Latènezeit, einzuordnen sind. Von der Wissenschaft wurde bisher angenommen, dass es sich diesbezüglich um befestigte Höhensiedlungen gehandelt haben muss. Diese Höhenstandorte sind allerdings wenig geeignet für Siedlungszwecke, da sie unwirtlich und der Zugang zu ihnen fast immer sehr schwer zugänglich war. Außerdem verfügten sie fast ausnahmslos über kein Wasser. So lag, nach archäologischen Untersuchungen, einiger dieser Befestigungsanlagen in den niedersächsischen Mittelgebirgen, durch entsprechende interpretationsfähige Fundhorizonte, der Schluss nahe, dass Höhensiedlungen ausgeschlossen werden können. Nach Dr. Erhard Cosack, kann davon ausgegangen werden, dass diese Befestigungsanlagen als nördliche, keltisch beeinflusste Oppida anzusprechen sind, erbaut als Fluchtburgen für die naheliegenden Siedlungen. Als nördlichste davon wird die Pipinsburg bei Osterode angesehen.

Das Szenario, dass von den Archäologen gezeichnet wird, könnte folgendermaßen ausgesehen haben:

Die Siedlungsbewohner am Fuße der „Pipinsburg" vernehmen das allen bekannte Alarmsignal einer Wache. Es besagt – die Kelten kommen – Eile ist geboten um Bewohner sowie Hab und Gut in Sicherheit zu bringen. Hastig wird, mit allem was mitzunehmen ist, die Befestigungsanlage auf dem Nordhang der Osteroder Kalkberge aufgesucht. Der Weg dorthin ist beschwerlich, daher lassen die Dorfbewohner ihr Vieh zurück, in der Hoffnung bald wieder in ihre Siedlung zurückkehren zu können. Das sollte sich als Trugschluss herausstellen. Die Kelten, alles gestandene, erfahrene Krieger suchen nach Beute und sie machen die Fluchtburg ausfindig. Die bietet zwar Schutz, ist aber auch schon von weitem auszumachen. Die Vorharzbewohner sind Bauern und Handwerker, sie können zwar mit Schwert, Dolch und Lanze umgehen, den kriegserprobten Kelten haben sie aber wenig entgegen zu setzten, zumal sie auch Frauen, Kinder und alte Leute dabei haben. Die Kelten belagern die Fluchtburg, da wird den Einheimischen klar – lange können sie den Angreifern nicht widerstehen. Hastig beginnen sie das Wertvollste was sie besitzen, zu vergraben, ihre Werkzeuge und Rohmaterialien, die Frauen auch ihren Metallschmuck. Das alles soll keinesfalls in die Hände der Feinde fallen. Kaum haben sie ihr Werk vollbracht, dringen die Kelten ein, der Widerstand der Einheimischen erlöscht spontan,. Da sie kaum Beute finden, töten sie die Unterlegenen nicht, nein, die werden gefesselt und mitgenommen, für immer ohne Rückkehr. Ob das wahr sein kann? Vorharzer mitgenommen von den Kelten, nach Bayern, Gallien oder sogar über die Alpen? Gehalten oder sogar verkauft als Sklaven? Solche Schlüsse lassen sich für die späte Eisenzeit durchaus ziehen, meint Erhard Cosack, der einige dieser latènezeitlichen Schutzburgen in den niedersächsischen Mittelgebirgen archäologisch untersucht hat, so im Deister bei Springe, den Negenborner Burgwall bei Einbeck, die Barrenburg bei Eidgassen, Springe und auch die Pipinsburg.

So wurden in anderen Fluchtburgen ganze Werkstattausrüstungen gefunden, gut versteckt in mehreren Depots zu späteren Wiederabholung, blieben sie der Nachwelt als Zeugnisse erhalten. Auch gab es keine Anzeichen für Massaker, sodass nur der Schluss bleibt – die Menschen wurden als Beute mitgenommen.

Im 2. Jahrhundert vor Christus zogen dann einige Nordvölker land-suchend gen Süden und überschritten die Genzen des Römischen Reiches. Bekannt sind uns die Wanderungen der Kimbern, der Teutonen und der Tigurier. In der Zeit von 107 bis 101 vor Christus kam es zu einigen Schlachten zwischen diesen Nordvölkern und den römischen Legionen. Anfangs errangen die Nordvölker vernichtende Siege über die Römer, letztendlich mussten sie aber den überlegenen Ressourcen an Material und Personal des Römischen Imperiums Tribut zollen. Die Nordvölker wurden 101 vor Christus vernichtend geschlagen. Die alten Chronisten sprechen von 200.000 gefallenen Kimbern und Teutonen, die Zahl der gefallenen Römer ist nicht überliefert, wie auch die genauen Schlachtorte nicht.

Angenommener weise bildeten die germanischen Völker um Christi Geburt noch bäuerliche Gemeinschaften, die in Langhäusern lebten. Sie bauten mit Holz und Lehm. Den Umgang mit Steinbaustoffen und somit die Herstellung und Nutzung von Steinbaulichkeiten zu Wohn- und Verteidigungszwecken, war den germanischen Völkern angeblich nicht bekannt.

Es gibt aber die Annahme, dass um Christi Geburt bereits zwei germanische Befestigungsanlagen im Elm, östlich von Braunschweig, bestanden haben könnten. Es handelt sich dabei um die Krimmelburg und die Brunkelburg.

Exakte wissenschaftliche Belege für diese Hypothese gibt es meines Wissens noch nicht. Erst im letzten Jahrhundert vor Christus wird der Zustrom beziehungsweise die Besiedlung wieder merklich stärker.

Zeugnis davon geben uns insbesondere glänzend schwarze Tongefäße (Situlen), deren feine Verzierungen mit Rädchen hergestellt sind. Auch wurde zahlreiches fremdes, insbesondere südliches Kulturgut gefunden, was auf bedeutende Handelswege hinweist, die den Harz tangiert haben müssen.

Im Jahr 2003 wurden bei Quedlinburg 30 Rennfeueröfen ausgegraben. Eine ^{14}C- Analyse ergab eine Datierung um Christi Geburt. Rennfeueröfen in Reihe, wie bei diesem Fund, kennt die Wissenschaft bisher nur aus dem 3. und 4. Jahrhundert und eine solch große Anzahl wurde bisher noch nicht in Mitteldeutschland gefunden, sondern überhaupt nur in Joldelung in Nordfriesland.

Die Przeworsk-Kultur, auch wandalische Kultur genannt, war eine Kulturgruppe auf dem Gebiet des heutigen Polens. Benannt wurde diese Kultur, als deren Träger die Ostgermanischen Stämme der Vandalen, Burgunden und Lugier gelten, nach einem Brandgräberfeld bei Przeworsk. In der Eisenzeit zählte diese Kultur neben der Keltischen Gruppe, der nordischen

Gruppe und der Jastorf-Kultur zu den dominierenden Kulturen in Europa. Die Archäologie ging seit längerer Zeit davon aus, dass Teile dieser aus Schlesien stammenden Kultur in die mitteldeutsche Region eingewandert waren. Bisher fehlte für diese These aber alle Spur.

Der Nordhäuser Bodendenkmalpfleger Kurt Lützkendorf war bereits in den 80er Jahren in der Nähe von Leimbach bei Nordhausen auf eine Fundstelle gestoßen, die auf eine Siedlung dieser Kulturgruppe hindeutete. Aber erst 2010 begannen Archäologen der Freien Universität Berlin an diesem Standort mit einem Grabungs- und Forschungsprojekt. Inzwischen liegen die ersten Ergebnisse vor, welche nun die bisherigen Vermutungen bestätigen. Im südlichen Harz, um die Region Nordhausen, haben sich im 3. oder 2. Jahrhundert vor Christus Teile dieser Kulturgruppe niedergelassen. Die dort gefundene Keramik zeigt die typischen Merkmale, schwarzgeglättete Keramik mit facettierten Gefäßrändern der Pzeworsk-Kultur aus Polen. Ein Rätsel jedoch bleibt vorerst: was ist aus dieser Kulturgruppe in den folgenden Jahrhunderten geworden?

sogenannte Trauernde Thusnelda, die Frau des Arminius
Lisa Berg frei nach einer antiken Marmorstatue aus Florenz

Die Harzregion in der älteren römischen Kaiserzeit

Die römische Kaiserzeit bildet einen wesentlichen Zeitabschnitt der klassischen Antike. Zeitlich einzugrenzen ist sie zwischen der späten römischen Republik und dem Ende des römischen Reiches. Auch ein Teil der Frühgeschichte in Deutschland wird als römische Kaiserzeit bezeichnet. Es handelt sich dabei um die Zeit von etwa 27 vor Christus bis zum Jahr 375. Diese überschneidet sich somit mit der entwickelten Eisenzeit um etwa 375 Jahre. Unterschieden wird dabei nochmals zwischen der älteren Kaiserzeit bis zum Jahr 27 und der jüngeren bis zum 4. Jahrhundert nach Christus. Auch zu jener Zeit war es in Germanien noch nicht üblich, geschichtliche Ereignisse der Nachwelt zu dokumentieren. Daher liegen von dieser Zeit weder nationale noch regionale schriftliche Zeugnisse vor, die für die Wissenschaft von aussagefähiger Bedeutung sind. Dies ist auch der Grund dafür, dass fast grundsätzlich angenommen wird, unsere „Zivilisation" habe sich erst ab dem 5. bis 6. Jahrhundert, also dem frühen Mittelalter, entwickelt. Diese Annahme ist nicht richtig und der Autor wird im Folgenden versuchen, diesen Geschichtsabschnitt aufzuhellen. Eine der ersten schriftlichen Überlieferungen für unsere Region stammt vom großen Julius Cäsar. Der war zu seinen Lebzeiten, 100 vor Christus bis 44 vor Christus, nicht nur Feldherr und Politiker, sondern auch Schriftsteller und Geschichtsschreiber. In seinem Werk „Der Gallische Krieg" (Bellum Gallicum) hat er im 6. Buch, Kapitel 25 bis 28, sein Wissen über den hercynischen Wald und dessen Tierwelt der Nachwelt überliefert. Unter „Hercynia silva" versteht die Wissenschaft heute alle Mittelgebirge nördlich der Donau und östlich des Rheins, also auch unseren Harz. *„Die im hercynischen Walde lebenden gewaltigen Elche haben Schenkel ohne Gelenkknöchel. Wenn sie sich niederlegen würden, könnten sie nicht wieder aufstehen. Um zu ruhen, lehnen sich die Tiere nur in wenig geneigter Körperhaltung an einen Baum. Diese von ihnen fast regelmäßig wiederbenutzten Schlafbäume untergraben die schlauen germanischen Jäger an der Wurzel, oder schneiden ihren Stamm in Kniehöhe so weit an, dass sie scheinbar noch feststehen. Lehnt sich dann der Alte, mit seinem schweren Leib an einen solchen Baum, dann fällt dieser um und mit ihm auch das müde Tier. Da es sich nicht wieder aufrichten kann, gerät es in die Hand des listigen Jägers."* Cäsar verwies dabei auf einen germanischen Fürsten als Gewährsmann, dem es sicher eine riesige Freude war, dem großen Feldherrn solches „Jägerlatein" unterzujubeln. Diese Überlieferung von Julius Cäsar war ein Ergebnis seiner Gallischen Kriege. Aber in seinem Werk schrieb er auch seine Erfahrungen und Erlebnisse in den wiederholten Kämpfen mit germanischen Stämmen nieder. Es sind mit die ersten schriftlichen Zeugnisse, die die Germanen in das Licht der Geschichte treten lassen.

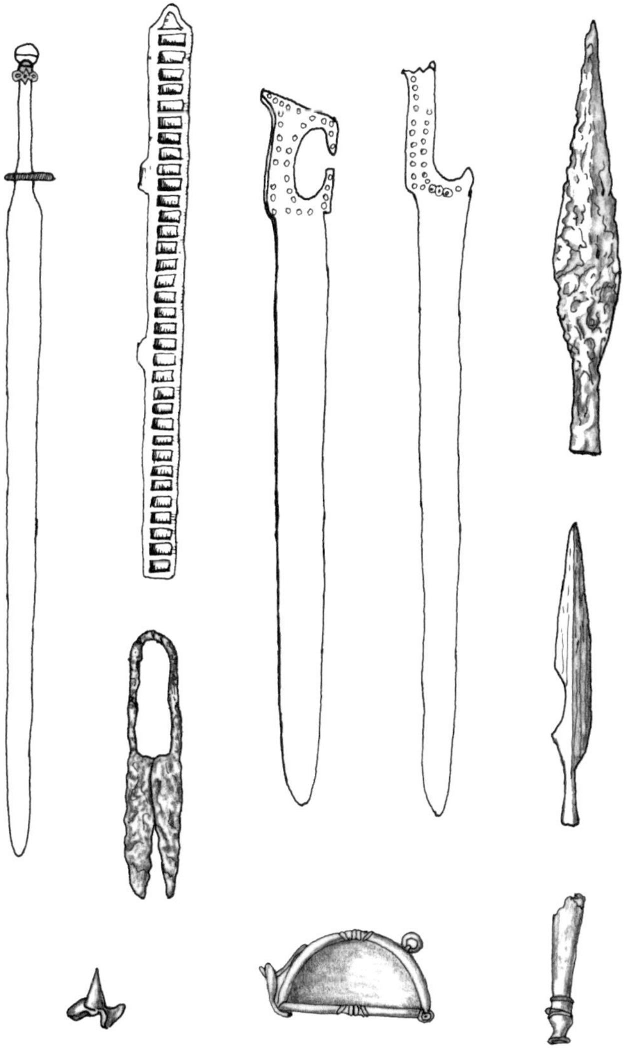

Ausrüstung eines germanisches Kriegers aus dem Beginn der älteren Römischen Kaiserzeit
Lisa Berg frei nach Abb. aus J. Friesen - Einführung in Niedersachsens Urgeschichte 1939

Nur dem griechischen Philosophen Poseidonius wird zugeschrieben, als Allererster die Germanen und Kelten um 80 vor Christus unterschieden und genannt zu haben. Die bereits geschilderten ersten und schweren Auseinandersetzungen mit den germanischen Völkern waren den Römern Anlass, ihr Imperium in nördliche Richtung besser zu sichern, und in frühgeschichtlicher Zeit war Imperiumssicherung untrennbar verbunden mit Eroberung und Expansion. Dementsprechend begann 58 vor Christus Caesar mit der Eroberung Galliens. In einem Zeitfenster von 40 Jahren wurde Gallien dann von der Altantikküste bis zum Rhein erobert und Römische Provinz. Der Rhein war von dieser Zeit an Grenze zwischen dem Römischen Imperium und den germanischen Völkern. Der augenscheinliche Reichtum auf der anderen Seite des Rheins weckte wohl aber bei den Germanen Begehrlichkeiten. In augusteischer Zeit, im Jahr 16 vor Christus, setzten germanische Heerbanne über den Rhein und brachten den Römern schwere Verluste bei. Aber nicht nur das, sie machten auch reichlich Beute. Dies war den Römern wohl Anlass, Feldzüge gegen die rechtsrheinischen Germanen zu unternehmen, mit dem Ziel der Erkundung, Befriedung und Annexion. Das bis an den Rhein reichende riesige Römische Reich war gesichert, als die Römer im Jahr 12 bis 9 vor Christus ihre augusteischen Germanenkriege begannen. Nero Claudius Drusus, genannt der „Ältere Drusus", der Stiefsohn von Kaiser Augustus, wurde Heerführer der römischen Legionen, die erstmals 12 vor Christus tief ins rechtsrheinische Germanien eindrangen. Dabei stieß Drusus bis zur Nordsee vor und baute einen Kanal vom Rhein bis zum Meer. Diese feindlichen Erkundungszüge und die Landnahmen hatten Folgen, es kam zu Kriegen mit den Stammesverbänden der Sugambrer (zwischen Sieg und Ruhr) und der Chatten (Mittel- und Nordhessen bis zum südwestlichen Vorharz). Dann zog Drusus mit seinen Legionen quer durch Germanien, durch das Gebiet der Cherusker (zwischen Weser und Elbe) bis zur Elbe. Zwangsweise muss er dabei die Harzregion tangiert haben. Folgt man alten Geschichtsschreibern und der Magdeburger Gründungssage, hat Drusus dann Magdeburg gegründet (Parthena). Nach Aussage der Quellen legte Drusus in jener Zeit zwei Legionslager an, außerdem wurden täglich, entsprechend der zurückgelegten Strecke, Marschlager errichtet. Generationen haben nach diesen Lagern, die bedeutende Zeugnisse der Geschichte wären, gesucht. In den letzten Jahren hat man nun zwei Römerlager entdeckt, die wohl in einem Zusammenhang zu sehen sind: 2004 in Hedemünden bei Hannover Münden am Unterlauf der Werra sowie im Jahr 2008 am Harzhorn/Kalefeld bei Bad Gandersheim (Schlachtfeld? auch wenn dieses Lager derzeit auf 206 nach Christus datiert wird). Aber erst die weitere Zukunft wird uns verwertbare wissenschaftliche Ergebnisse zu diesen zwei römischen Hinterlassenschaften liefern.

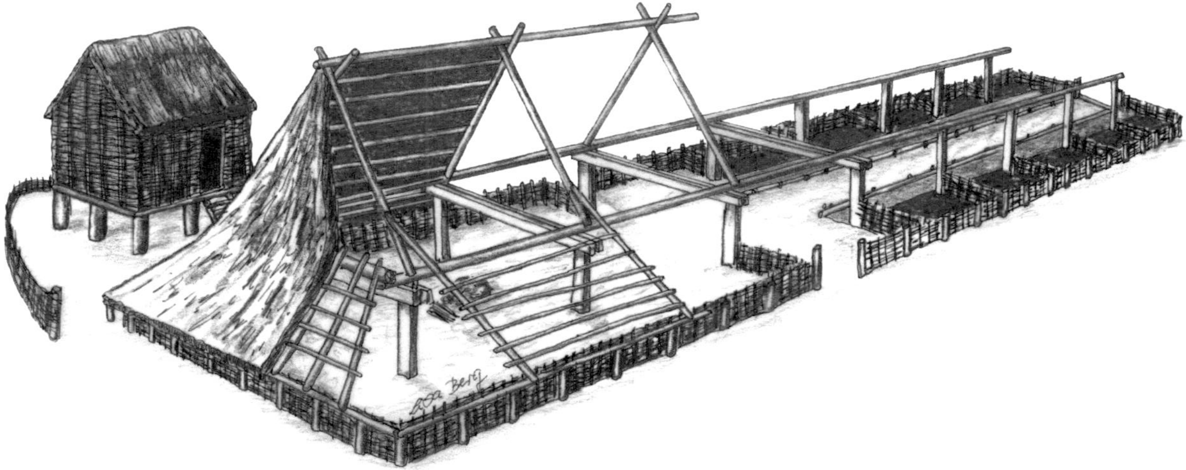

Rekonstruktion eines germanischen Langhauses der früheren Römischen Kaiserzeit
Lisa Berg frei nach: S. Fischer-Fabian "Die ersten Deutschen" 1975

Die ersten Feldzüge der römischen Legionen gegen die Germanen waren nicht von nachhaltigem Erfolg gekrönt. Das veranlasste die Römer, rechtsrheinische Kastelle zu errichten und ihre Grenzen weiter zu sichern und zu befestigen. Aber sie begannen auch die neue kaiserliche Provinz „Germania Magna" aufzubauen. Dass diese Ereignisse von einigen antiken Geschichtsschreibern wie Cassius Dio, Tacitus, Flotus und Strabo zum Teil ausführlich beschrieben wurden, ist bekannt. Leider haben sie aber unterlassen, uns in ihren Schriften über die genauen Örtlichkeiten aufzuklären. Dennoch ist unsere Geschichtswissenschaft inzwischen gut über die Militärstrategien der römischen Legion unterrichtet. So weiß man, dass diese mit ihrem Tross nie übernachteten, ohne vorher ein Lager zu errichten. Diese römischen Marschlager waren, heute würden wir sagen standardisiert oder genormt, von gleichen Abmaßen und umgeben von Gräben und Wällen. Da man auch weiß, dass die Legionen, entsprechend der jeweiligen Rahmenbedingungen, etwa 20 bis 40 Kilometer am Tag zurücklegten, muss es zwingend zahlreiche dieser Lager zwischen Rhein und Elbe gegeben haben. Mit Hilfe der modernen Luftbildarchäologie wurden in den letzten zwei Jahrzenhten zwischen Harz und Elbe einige Örtlichkeiten identifiziert, die auf römische Lager schließen lassen. Wo es solche Lager gab, gibt es auch hinterlassene Kulturreste. Leider sind bisher noch keine diesbezüglichen Grabungen durchgeführt worden, aber in Zukunft wird man die Wege der römischen Legionen sicher genauer nachvollziehen können. Die Römer in Nord- und Mitteldeutschland sind nichts Neues! Viele Funde römischer Herkunft wurden in den vergangenen 200 Jahren an den unterschiedlichsten Orten geborgen und vervollständigen das Geschichtsbild jener Zeit ständig weiter. Auch ist uns vom römischen Chronisten Vellejus Paterculus überliefert, dass im Jahr 5 nach Christus Tiberius einen Feldzug durch Mitteldeutschland unternahm. Zum einen durchquerten seine Legionen vom Oberrhein her die Mitteldeutsche Landschaft, zum anderen fand wohl die gewaltigste antike Flottenfahrt in Nordeuropa statt. Sehr viele Schiffe (von über tausend ist mitunter die Rede) kamen durch die Nordsee die Elbe flussabwärts. Bei dieser Elbbeschiffung muss man immer in Betracht ziehen, dass zur damaligen Zeit das Land weit in die heutige Nordsee reichte. Sehr weit, vielleicht bis weit vor die Küste von Britannien, wo die Römer eine Provinz innehatten. Somit befand sich die Elbmündung wohl auch erheblich weiter nordwestlich als heute. Landheer und Flotte sollen sich dann an einem bisher nicht lokalisierten Ort getroffen haben, vermutlich an der Elbe zwischen dem heutigen Magdeburg und Wittenberg. Aber auch die damalige Elbe hatte einen anderen Verlauf als die heutige. Leider kennen wir nur die Überlieferung, Beweise konnten dafür bis heute nicht erbracht werden. Dann folgte ein Ereignis, welches für die ostrheinischen, germanischen Gebiete die kulturelle Entwicklung der nächsten 2.000 Jahre bestimmen sollte und das bis heute für

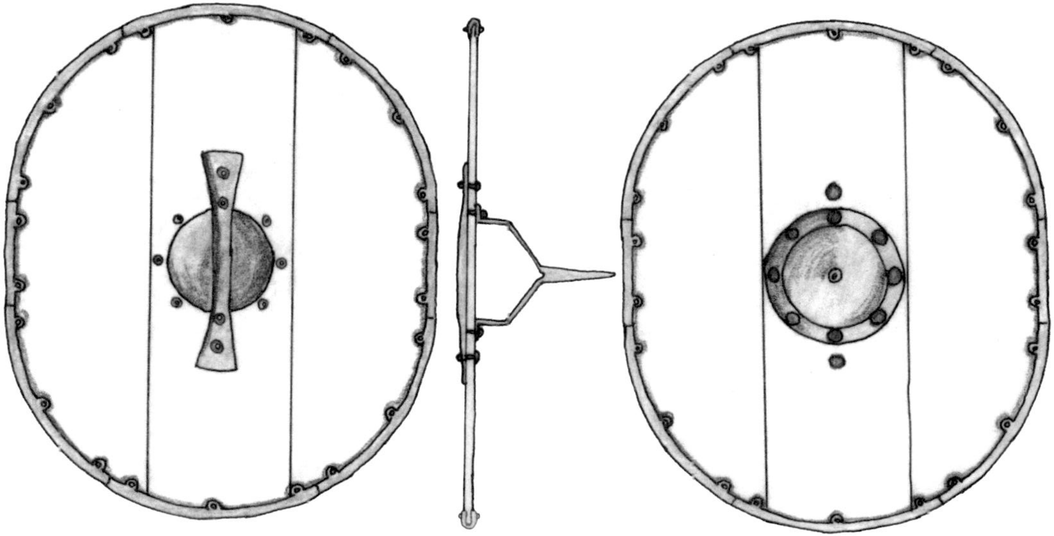

Rekonstruktionsversuch eines germanischen Schildes zur Zeit der Römerkriege
Lisa Berg frei nach Abb. aus J. Friesen - Einführung in Niedersachsens Urgeschichte 1939

alle Deutschen nachwirkt. Zu jener Zeit hatten die Römer zahlreiche germanische, also rechtsrheinische Gebiete, erobert oder ihrer Einflusssphäre unterzogen. Aber es war, wie zum Beispiel der römische Geschichtsschreiber Cassius Dio berichtet, kein zusammenhängendes Gebiet, sondern es waren nur Teile des Landes. Die germanischen Völker passten sich langsam den römischen Verhältnissen und ihrer Kultur an, ohne dabei unterjocht zu werden. Dann aber bekam Quinctilius Varus den Oberbefehl über Germanien. Varus übte, kraft seines Amtes, ständigen Druck auf die Germanen aus, maßregelte sie mit seinen Vorschriften und verletzte damit ihren unbändigen Stolz. So soll es im Herbst des Jahres 9 nach Christus zu Aufständen im Inneren Germaniens gekommen sein. Varus machte sich mit drei Legionen auf, um diese kleinen Aufstände zu befrieden. Doch dann, mitten in Germanien, wurden die römischen Legionen von den Germanen angegriffen und vernichtet. In der Varusschlacht, auch „Schlacht im Teutoburger Wald" genannt, wurden die germanischen Kriegsverbände von Arminius dem Cherusker angeführt. Die drei Legionen mit Hilfstruppen und Begleittross, die geschätzte 15.000 bis 30.000 Römer ausmachten, wurden bis auf den letzten Mann getötet. Zahlreiche antike Geschichtsschreiber berichteten über diese bedeutende Schlacht, so Strabon, Paterculus, Seneca, Sueton, Ticitus und Dio. Aber keiner dieser „Berichterstatter" nannte Örtlichkeiten, die für uns heute eindeutig bestimmbar wären. Auch war keiner von ihnen Zeuge der Ereignisse oder auch nur Zeitzeuge. Anscheinend war diese vernichtende Niederlage für das Römische Imperium so schmerzhaft, dass zur Zeit des Ereignisses nicht darüber geschrieben wurde oder werden durfte, oder diese Zeugnisse sind nur schlicht nicht überliefert. Auf jeden Fall leitete die Varusschlacht, in der angeblich ein Achtel des römischen Heeres vernichtet wurde, das Ende der römischen Bestrebungen um eine Provinz Germanien ein. Wäre die Schlacht entgegengesetzt verlaufen, wäre das freie Germanien romanisiert worden und hätte heute sicher eine entsprechende Kultur. Nach der Varusschlacht, deren Verortung bis heute nicht gelungen ist, zogen sich die Römer aus Germanien zurück. Noch einmal, von 14 bis 16 nach Christus zogen unter dem Feldherrn Germanicus römische Legionen durch Germanien. Es waren Vergeltungsfeldzüge der Römer gegen die verschiedenen germanischen Völker und Germanicus besuchte auch das Schlachtfeld der Varusschlacht und ließ die unzähligen Gefallenen in einem riesigen Tumulus (Grabhügel) bestatten. Noch einmal gab es in den Jahren 14 bis 16 nach Christus mehrere große Schlachten zwischen Römern und Germanen, wieder unter Führung des Cheruskerfürsten Arminius. Überliefert sind uns die Schlacht an den Pontes longi (den langen Brücken), die Schlacht auf dem Idistavisischen Feld und die Schlacht am Angrivarierwall, in denen sich die Römer durchsetzten.

Sie mussten aber einsehen, dass die Folgen der Varusschlacht nicht mehr zu revidieren und die freiheitsliebenden Germanen nicht dauerhaft unter ihrem Joch zu halten waren. In der Folgezeit zogen sie sich Schritt für Schritt hinter den Rhein, in die Ausgangslage von 12 vor Christus, zurück. Die Ereignisse jener Zeit gerieten weitgehend in Vergessenheit, auch die Varusschlacht hatte bis zum Ende des Mittelalters keine Bedeutung. Dann jedoch wurden die alten Schriften wiederentdeckt und fortan avancierten Arminius und die Varusschlacht zum Symbol für die Rettung und Wahrung der deutschen Sprache und Kultur. Hunderte haben sich mit der Schlacht auseinandergesetzt und ebenso viele haben sie verortet. Aber keiner hat bis heute den Beweis für das von ihm favorisierte Schlachtfeld erbringen können. Der Teutoburger Wald der lange Zeit als Schauplatz galt, ist widerlegt. Ab dem Jahr 1993 galt Kalkriese bei Osnabrück als Schauplatz, aber auch dieser gilt mittlerweile als unhaltbar. Warum ich mich so ausführlich der Varusschlacht widme werden sich sicher jetzt einige Leser fragen. Der Grund ist einfach: weil es Vermutungen gibt, dass diese Ereignisse im Jahr 9 nach Christus, die in der Varusschlacht gipfelten, in der Harzregion ihren Schauplatz hatten. Bei Halberstadt lebt und arbeitet der engagierte Privatforscher Dr. F. H. Rainer Friebe. Der studierte Architekt stellt seit 1971 Nachforschungen über die Römerzeit in Germanien an und hat sich für seine historiographischen Forschungen in antiken Schriften profunde Lateinkenntnisse angeeignet. Friebe verortet die Varusschlachtereignisse in die nördliche Vorharzregion. Er vertritt die Auffassung, dass die Römer um Christi Geburt die römische Provinz Magna Germania, mit Parthum (Magdeburg) als Provinzhauptstadt, einrichteten. Friebes neustes Werk, das eine geballte Ansammlung von Fakten zu diesem brisanten Thema enthält, heiß „Germania Rebellis – die Varusschlacht“. Leider wurde seinen Fakten und Argumenten von der Wissenschaft bisher kaum Beachtung geschenkt, aber wir werden in Zukunft sicher noch vieles zu den Römern in Nord- und Mitteldeutschland und somit dem Harzgebiet hören. Die letzte schriftlich überlieferte Schlacht zwischen Römern und Germanen fand als „Schlacht am Angrivarierwall“ im Jahr 16 nach Christus statt. Aber auch von diesem Schlachtfeld, auf dem als Heerführer für die Römischen Legionen Germanicus und für die Germanen Arminius fungierten, kennen wir keine Örtlichkeit, außer dass mit Bestimmtheit gesagt werden kann, sie fand im Norddeutschen Raum statt. Dass es auch danach noch kriegerische Auseinandersetzungen zwischen Römern und Germanen gab, bezeugen die Funde vom Harzhorn. Die Datierung gibt einen Zeithorizont von 200 Jahren nach der Varusschlacht an. Hätte es nicht die alten römischen Geschichtsschreiber gegeben, wüssten wir von diesen Ereignissen sicher nichts. Einer von Ihnen hat sich dabei besondere Verdienste erworben.

Publius Cornelius Tacitus, der die Germanenkriege einschließlich der Varusschlacht nicht als Zeitzeuge erlebt hatte, da er erst im Jahr 58 nach Christus geboren wurde, schrieb nicht nur die geschichtlichen Ereignisse für die Nachwelt auf, er berichtet uns auch als einziger vom Leben und von der Kultur der Germanischen Völker. In seiner „Germania“ berichtet er uns auch über die in der Harzregion ansässigen Völker der Chatten, Cherusker, Semnonen, Langobarden, Hermunduren und Sweben. Ein weiteres bedeutendes Werk der antiken Literatur ist die „Geographike Hyphegesis“ von dem griechischen Gelehrten Claudius Ptolemäus (um 100 bis 170 nach Christus). Sein geographisches Werk besteht aus der kartographischen Darstellung der bekannten antiken Welt zur frühen römischen Kaiserzeit. Dabei bezieht er sich in dem zweiten Buch seines Werkes auf die Darstellung der Gebiete außerhalb des Römischen Reiches. Er bezeichnete dieses Gebiet als Germania Magna (Großgermanien) und verzeichnete auch einige Ortsangaben zu Mittel- und Norddeutschland in seinem Werk. Die Darstellungen von Germania Magna galten aber bisher als „verzaubertes Schloss“, da niemand in der Lage war, die von ihm genannten Orte zu lokalisieren. Der Grund dafür liegt auf der Hand: Der große Gelehrte verwendete ein Koordinatensystem, das uns nicht bekannt war und dessen Bezugssystem wir nicht zu lösen in der Lage waren. Seit September 2010 ist das anders! Unter der Leitung von vier ausgewiesenen Experten für Geodäsie, Geoinformation und Geschichte hatte sich ein interdisziplinäres Team der Technischen Universität Berlin 2004 daran gemacht, dieses große Rätsel zu entschlüsseln und die Koordinaten zu dekodieren. Mit ungeahntem Erfolg – ihre Arbeit liegt jetzt als Buch unter dem Titel „Germania und die Insel Thule“ vor. In seiner Germania Magna hatte Ptolemäus unter anderem vierundneunzig Orte genannt. Zwölf dieser Örtlichkeiten, die im Umfeld der Harzregion liegen, konnten nun geographisch identifiziert werden:

- antiker Name „Albis fluvius“	- Name Elbe
- antiker Name „Melibocus mons“	- Name Brocken
- antiker Name „Munitium“	- Name Hedemünden
- antiker Name „Tulifurdum“	- Name bei Hannover
- antiker Name „Ascalingium“	- Name bei Hildesheim
- antiker Name „Tulisurgium“	- Name bei Braunschweig
- antiker Name „Feugarum“	- Name bei Osterode
- antiker Name „Canduum“	- Name bei Eisenach
- antiker Name „Tropaea Drusi“	- Name bei Halberstadt
- antiker Name „Luppia“	- Name bei Bernburg
- antiker Name „Mesuium“	- Name bei Burg (Magdeburg)
- antiker Name „Melocabus“	- Name bei Bad Hersfeld

Welche Bedeutung die von den Spezialisten ermittelten Koordinaten haben, ist bisher nicht zweifelsfrei zu klären. Sie können sowohl Städte, Handelszentren, Kastelle, Furten oder andere bedeutende Infrastrukturstandorte gewesen sein. Das Luppia als eine der wenigen Städte in der Magna Germania verzeichnet ist, verdient besondere Beachtung. Auch die Verortung von Tropaea Drusi bei Halberstadt dürfte die Arbeit von Dr. Friebe beflügeln. Ptolemäus berichtet uns in seinem Werk auch einiges von den Germanischen Stämmen. So nennt er auch erstmals den Namen der Sachsen, die nach seinen Ausführungen zu jener Zeit in Jütland und Schleswig-Holstein ansässig waren. Auch berichtet er uns von den Langobarden an der Elbe sowie westlich davon, von den Chauken.

Feldherr Quintilius Varus -
Portrait auf einer Münze aus Adulla in Afrika

Abb. aus S. Fischer-Fabian "Die ersten Deutschen" 1975

Das Gelände bei Hedemünden, mit seinem nachgewiesenen Römerlager, soll den Berliner Wissenschaftlern zufolge also das historische Munitium sein oder aber in seiner Nähe gelegen haben. Dabei hätte man in Hedemünden schon vor langer Zeit hellhörig und aufmerksam werden können. Schließlich wurde dort, zwischen Hedemünden und Ellerode im „Eichholz“ schon 1855 in einem Roten Tongefäß (Terra sigillata?) ein römischer Münzschatz gefunden. Bis auf zwei Stücke sind die Münzen leider unbekannt geblieben. Der restliche Münzfund wurde eingeschmolzen.

Gemäß Frank Bergers Werk, „Die Fundmünzen der römischen Zeit in Niedersachsen“, sind lediglich ein Stück der Gens Minucia und eins der Gens Mamilia überliefert. Man muss sich die Frage stellen, aus welchem Material waren die anderen Münzen dieses Fundes? Doch sicher nicht aus Kupfer oder Bronze? Sondern aus Gold oder Silber, denn sonst wäre der Aufwand des Einschmelzens sicher nicht gerechtfertigt gewesen.

Bezüglich des Römerlagers mutmaßt man derzeit über vier Lager die insgesamt über 15 Hektar eingenommen haben könnten. Gesichert sind über hundert römische Metallfunde wie Pionieräxte, Münzen, Waffen, Zeltheringe, Werkzeuge, Beschläge und Schmuck.

Die Funddichte und Fundqualität lassen durchaus einen Vergleich mit anderen frühkaiserzeitlichen Lagern wie Haltern, Xanten, Kalkriese, Waldgirmes, Hofheim und Rödgen zu.

Zahlreiche angebliche geschichtliche Ereignisse des Harzes wurden durch Sagen der Nachwelt erhalten. Es ist daher geboten, auf den literarischen Begriff der Sage einzugehen. Der althochdeutsche Begriff SAGA - gesagtes, stellt einen Sammelbegriff für mündlich überlieferte Erzählungen, für wahr gehaltene oder auf einem wahren Kern basierende Begebenheiten dar. Der Realitätsanspruch kann als relativ hoch eingeschätzt werden, der Text wurde aber im Laufe der Zeit ausgeschmückt und ständig umgestaltet. Dies macht es auch besonders schwer, den Wahrheitsgehalt des Wesentlichen einer SAGA, wie Geschehen, Orte und Personen zuzuordnen. Ich versuche diesen Begriff so detailliert zu erläutern, weil ich noch öfter auf Sagen, ihre Auslegung und ihren Wahrheitsgehalt zu sprechen kommen werde. In dem folgenden Abschnitt werde ich nun auf einige Sagen, Legenden und Mythen der Harzregion zu sprechen kommen. Es liegt mir dabei fern, daraus historische Schlüsse zu ziehen, aber ich denke, sie gehören zum Harzer Kulturgut und somit auch in dieses Buch.

Da gibt es zum Beispiel eine alte Sage über die Harzburg. Schon der Name drückt die ursprüngliche Vormachtstellung dieser Burg im Harz aus. Die Legende besagt, dass schon Julius Cäsar ein Castel auf dem Berg gegründet hatte und dass er an jenem Ort einen Tempel zu Ehren des Saturn errichten ließ. Funde weisen aus, dass der „Große Burgberg“ schon lange vor Cäsar und den Römern besiedelt und befestigt war. Von den Römern selbst sind aber bisher keine Hinterlassenschaften gefunden worden. Woher aber kommt dann der wahre Kern der Sage? Seit 1846 bereitete Herrn Reusche, dem Errichter des Gasthauses „Zum Crodo“ auf dem Burgberg, die Wasserversorgung sowie die Brandsicherheit große Probleme. Im Jahr 1898 entschloss man sich dann, für den Burgberg eine neue Wasserleitung von einer Quelle des höher gelegenen oberen Stübchentals zu legen. Bei der Verlegung der neuen Leitung stieß man auf die gut erhaltenen Reste einer sehr alten Wasserleitung. Die aufgefundenen Rohre waren 52 Zentimeter lang und in ihren Maßen alle identisch. Sie bestanden angeblich aus einem Gemisch von Ton, feinem Sand, Gips, Kalk und weiteren Zuschlagstoffen. Die Materialmischung entsprach in seiner Härte und Festigkeit einer Zementmischung! Die Länge der aufgefundenen alten Wasserleitung betrug 1.300 Meter. Bemerkenswert ist aber, dass diese Rohre wie auch die ganze Wasserleitung exakt nach den Vorschriften des Vitruv, des Baumeisters und Konstrukteurs unter Julius Cäsar, errichtet wurden.

In dem überlieferten achten Buch seiner Baukunst (de architectura) empfiehlt Vitruv, Röhren aus einer Ton- Kalkmischung, die mit Öl angemachtem Kalk miteinander verbunden werden sollten. Fugen, die nicht dicht waren, sollten durch Loderasche abgedichtet werden. Selbst diese Asche wurde bei den Rohrverbindungsstellen angeblich noch festgestellt. Wer hat also diese Wasserleitung gebaut? Zugeschrieben wird sie von der Wissenschaft derzeit den Burgenbauern unter Kaiser Heinrich IV., aber Gewissheit gibt es nicht, man weiß einfach noch zu wenig.

In der Südharzer Karstlandschaft gibt es zahlreiche tiefeingeschnittene Gipstäler. Bei Krimderode vereinigen sich einige solcher Täler zu einem Haupttal, in welchem die Behre und die Zorge das Gebirge verlassen. Dort liegt der Mühlberg, auf dem sich eine frühgeschichtliche Wallanlage befindet, die als Faciusgraben bezeichnet wird. Archäologisch ist diese Anlage meines Wissens noch nicht untersucht. Gemäß einer alten Sage soll der Name Facius von einem römischen Feldherrn stammen, der dort begraben sein soll. Um 100 nach Christus sollte die Christianisierung auch im Harzraum beginnen. So schrieb der Evangelist Lukas im Kapitel 10,1: *„Danach sonderte der Herr andere Siebzig aus und sandte Sie je zween und zween vor ihm in alle Städte, da er wollte hinkommen“*. Zwei dieser Jünger, so erzählt die Sage, St. Egistus und St. Maternus, kamen an den Harz und verkündeten das Evangelium. Eines Tages rasteten sie am Katharinenborn bei Blankenburg und fanden bei den Edlen des Volkes gastliche Aufnahme.

Schon der bedeutende deutsche Historiker Theodor Mommsen, Nobelpreisträger 1902, der als Vater der Römerforschung in Germanien gilt, erkannte *„ über den germanischen Anfängen liegt ein Dunkel..“*. Aber er selbst steckte mit seinen Schriften die Hürden für seine nachfolgenden Kollegen sehr hoch. Nachdem erst im späten Mittelalter die Germania des Tacitus wiederentdeckt worden war, begann man sich in der Zeit des Humanismus in unserer Region wieder speziell für die römischen Germanenfeldzüge zu interessieren. Das Drusus im Jahr 9 vor Christus in seinem, bereits erwähnten, Germanenfeldzug von Südwesten her tief in das Thüringer Becken eindrang, hat uns Strato überliefert. Das von Ptolemäus verzeichnete Bicurgium wird nach neusten Erkenntnissen bei Jena verortet. Auch die zwei Dörfer Klein- und Großromstedt liegen unweit von Jena und wurden schon in einer Urkunde von Ludwig dem Frommen vom 18.Mai 874 als „Romastat“ bezeichnet und deuten auf eine Anwesenheit der Römer hin. Georg Fabrizius, ein deutscher Dichter, Historiker, Epigrafiker und Antiquar der Frühen Neuzeit, interessierte sich besonders für diesen Geschichtsabschnitt.

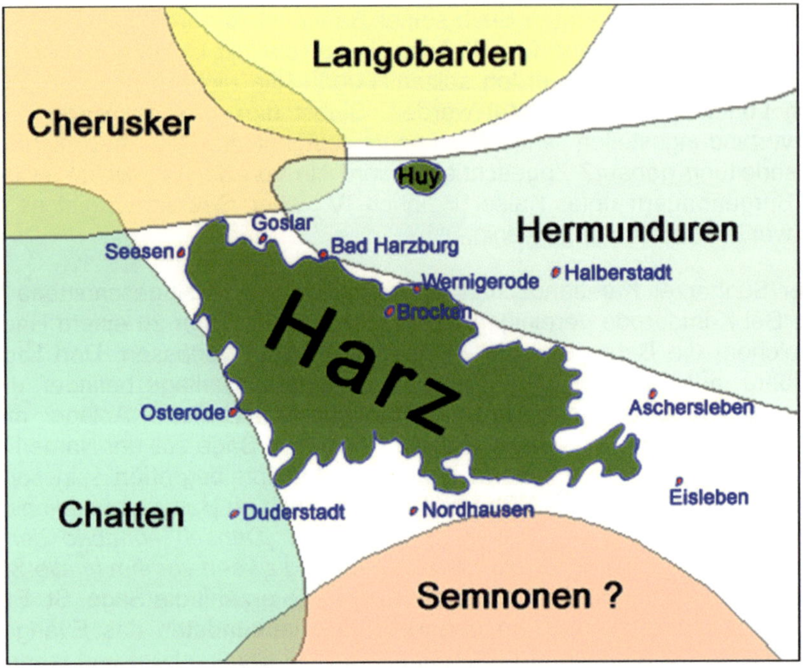

Siedlungsgebiete germanischer Stämme am Harz zur Zeitenwende
von Heike Heindorf

Zusammen mit seinem Gönner Graf Wolfgang von Beichlingen unternahm er ab 1539 eine mehrjährige Studien- und Forschungsreise nach Italien. Nach Rückkehr der Beiden aus Italien soll dann, bezugnehmend auf ihre Erkenntnisse sowie auf eine alte Sage über das Schloss Beichlingen, dort im sogenannten Hohen Haus eine Inschrift eingebracht worden sein. Sie soll „Bichlingium a Romanis conditium" gelautet haben und neben der Inschrift soll ein Legionsstein mit Nummern eingemauert worden sein, der vom Schlossgelände stammen soll. Nach dem Eisenacher Chronikon soll der Kyffhäuser, der zwischen Harz und Thüringer Becken liegt, Standort einer Burg gewesen sein, die Cäsar (oder Drusus) dort erbauen ließ und die „Confusio" genannt wurde. Aus Nordhausen ist uns folgende steinerne Inschrift überliefert: „Anno Domini CCCCX, Theodosios II. mobilis Hispanus Rom, Imperator anno imperii sui quarti hanc urbem fundavit, libertatibusque imperialibus ditavit". Das Gebiet zwischen Harz und Thüringer Wald war früher, vor Erfindung der Metalldetektoren, das fundreichste Gebiet römischer Münzen in Germanien östlich des Rheins. Die Anzahl der gefundenen Münzen ist nur grob zu schätzen, betrug aber sicher viele 1.000 Stück. Im 19. Jahrhundert wurden diese Münzen noch zum Großteil eingeschmolzen. So wurde zum Beispiel 1811 bei Ballhausen/Unstrut ein Terra-Sigillata-Gefäß mit mehreren hundert Exemplaren römischer Münzen gefunden, über deren Material und Prägungen nichts mehr überliefert ist. Als Besonderheit wurden auch die Funde bronzener Platten aufgeführt, von denen die eine den freiwilligen Opfertod des M. Curtius und die andere ein helmtragendes bärtiges Haupt gezeigt haben soll. Damals fand man auch in einem Hügel unweit von Schkopau bei Merseburg eine große Anzahl römischer Waffen, noch erkennbar als Überreste breiter römischer Schwerter und Speerspitzen, wie sie die Hastati und Triarier führten. Auch bei Merseburg fand man etwa 120 Äxte, die den Wurfwaffen geähnelt haben sollen, die bei den Römern securia missilis genannt wurden. Auch wurden bei Grabungen für Bauarbeiten in den Buna-Werken Schkopau/Merseburg eine Vielzahl von römischen Bronzekesseln gefunden. Das „Neue Deutschland" titelte einmal „Fast jede Woche ein fast 2.000 Jahre alter römischer Bronzekessel". Es gibt also in der Region südlich des Harzes, nördlich des Thüringer Waldes, reichlich römische Funde die durchaus die begründete Vermutung zulassen, dass die römischen Legionen unter Drusus vielleicht doch nicht nur durchgezogen waren.

Nördlich des Harzes liegt die alte Metropole Magdeburg. Ihre erste urkundliche Erwähnung stammt aus dem Jahr 805. Historisch waren bisher, trotz zahlreicher Grabungen und wissenschaftlicher Untersuchungen, keine Fakten bekannt, die wissenschaftlich anerkannt auf ein höheres Alter der Stadt schließen lassen. Dann diese Pressemitteilung der Stiftung Dome und Schlösser Sachsen-Anhalt: „Bei Untersuchungen im Jahr 2004 (Rainer Kuhn/Bernhard Lück) südlich vom Landtag wurde der innerste der drei Gräben erneut geschnitten und anhand von Radiokarbondaten in die Völkerwanderungszeit (5./6. Jh. n. Chr.) datiert. Damit ist Magdeburg rund 300 Jahre älter als seine erste urkundliche Erwähnung im Jahre 805. Die historische Einordnung des innersten Grabens könnte im Zusammenhang mit dem 531 untergegangenen Thüringerreich bzw. der darauf folgenden frühen sächsischen Besetzung des Magdeburger Raumes zu finden sein." Aber da gibt es doch noch die uralte Magdeburger Gründungssage, die ich als Sagenautor natürlich kenne. Der Sage nach reichen die Wurzeln der Stadt bis in die Römerzeit zurück; kein geringerer als Julius Cäsar soll ihr Erbauer sein. Er soll dort zuerst eine Burg erbaut und darin einen Tempel errichtet haben, den er einer Göttin, der Diana oder der Parthenis, weihte. Davon erhielt sie ihren Namen Parthenopolis. Das ist griechisch und bedeutet Jungfrauen- oder Mägdestadt, also Stadt der Priesterinnen, die dem Tempel dienten. Soweit diese Sage, die aber wissenschaftlich durch nichts untermauert werden kann, oder doch? Schon seit Beginn der frühen Neuzeit veranlasste diese Sage immer wieder

Forscher, ihren wahren Kern zu identifizieren. So auch der 1877 geborene Hallenser Architekt und Altertumsforscher Alfred Koch. Er vermutete in Magdeburg römische Bauten und holte sich 1926 von der Kirche eine Grabungsgenehmigung. Er soll angeblich die Fundamente eines römischen Tempels ausgegraben haben. Aber dann war das Geld alle, später kam der Krieg und Koch konnte diese Ergebnisse auch der Kirche nicht verkaufen. 1952 kam er wieder nach Magdeburg, jahrelang hatte er sich mit den Stadtplänen beschäftigt, um das angebliche alte römische Stadtkastell auszugraben. Koch bekam erneut eine Grabungserlaubnis und vom Museum Magdeburg ein Grabungsteam von sieben Personen. Er hatte Glück, denn als Leiter des Teams wurde Werner Prignitz eingesetzt. Prignitz hatte sich schon zahlreiche Meriten verdient, indem er nach dem Krieg zahlreich Kunst- und Kulturschätze im zerstörten Magdeburg rettete. Gemeinsam ging man ans Werk und war erfolgreich; man fand angeblich die Fundamente eines römische Prätoriums, das maßgenau identisch mit dem der Saalburg im Taunus sein soll. Aber diese angeblichen „römischen Hinterlassenschaften" interessierten in der jungen DDR nicht, ganz im Gegenteil, sie widersprachen der geltenden Ideologie. Die Grabungsunterlagen verschwanden in den Archiven, wo sie bis heute verschollen sind. Die Ausgräber, vor allem Werner Prignitz, waren klug genug, es hinzunehmen. So konnte Prignitz weiterarbeiten und bis 1972 eine größere Anzahl von Baulichkeiten als römisch verifizieren. Dass seine Arbeit aber nur für die Archive bestimmt war und keine Anerkennung fand, darunter soll er sehr gelitten haben, wie Zeitgenossen bestätigen. Nicht ganz so ungeschoren kam ein anderer Altertumsforscher davon. Der im Jahr 1906 in Mosigkau bei Dessau geborene Architekt und Bauhistoriker Dr. Walther Pflug war gleichfalls ein engagierter Bewahrer kulturhistorischer Hinterlassenschaften im Nachkriegs-Mitteldeutschland. Besonders tat er sich hervor bei der Rettung des Mosigkauer Schlosses, dessen erster Direktor er auch war. Spezielles Interesse brachte Dr. Pflug aber dem Geschichtskapitel der römischen Germanenkriegszüge entgegen und deren vermuteten Hinterlassenschaften im mitteldeutschen Raum. Was bei ihm das Interesse daran geweckt hat wissen wir nicht, auch nicht, ob er die Arbeiten von Koch und Prignitz kannte. Vielleicht war es ja die mitten in der Elbe liegende Ruine eines Bauwerks von 25 mal 80 Metern, bei deren Vermessung er 1934 dabei war. Diese angebliche Anlage mit strenger Regelmäßigkeit und einer Gradlinigkeit, wie sie im Früh- und Hochmittelalter nicht üblich war, soll damals in etwa 1,50 Metern Wassertiefe schräg zur Strömung gestanden haben. Ein festes Bachsteinmauerwerk *„aus großformatigen, mit Stempeln versehene Ziegel"* heißt es bei Dr. Pflug, *„hat durch besonders festen Mörtel dem Eisgang standgehalten"*. Kurz vor der Wiedervereinigung ist die Mauerkrone durch Armeetaucher untersucht worden. Die Sicht war aber gleich Null und ein Abtauchen zum Bauwerksfuß soll auf Grund der starken Strömung nicht möglich gewesen sein. So wissen wir nicht, wie die Ziegel aussehen und welche Stempel sie tragen.

Was wir aber wissen ist, dass mittelalterliche Ziegelbrennereien der Region keine Ziegelstempel verwendet haben. Die Zukunft ist also unsere einzige Hoffnung! Dr. Pflug widmete sich seinen diesbezüglichen Forschungsarbeiten sehr intensiv und verfasste ein Werk, in dessen Kern er die sogenannte „Schlacht im Teutoburger Wald“ in den Tautenburger Wald, zwischen Leipzig, Merseburg und Jena, verortete. Sein Werk betitelte er „Media in Germania“, es stieß aber in der DDR auf keine Anerkennung und noch weniger Gegenliebe, sodass Dr. Pflug sein Buch dort nicht veröffentlichen konnte. Er hatte wissenschaftliche Theorien entwickelt und Hypothesen aufgestellt, die in der DDR keine Plattform fanden. So sind ihm sicher zahlreiche Irrtümer unterlaufen, aber sein Werk hat auch neue Erkenntnisse und Forschungsergebnisse geliefert, die durchaus von Bestand sein könnten. Die Irrtümer die ihm unterlaufen waren, wie wohl auch die Verortung der Varusschlacht, sind ihm sicher nicht all zu übel zu nehmen. Lebt Wissenschaft und Forschung doch auch von Gedankenaustausch, Meinungsstreit und Zusammenarbeit. Diese Faktoren waren aber Dr. Pflug nicht gegeben und so schmuggelte er sein Manuskript in die Bundesrepublik, wo sein Werk 1956 im Gießener Verlag Franz Schröter herausgegeben wurde. Das hätte er lieber nicht tun sollen, denn nun hatte er jegliche Reputation in der DDR verloren. Diese Veröffentlichung brachte Dr. Pflug ein SED-Parteiverfahren ein. Außerdem wurde von der Partei ein Geschichtskolloquium an der Leipziger Universität veranstaltet, das jede einzelne Pflugsche These widerlegte – frei nach dem Motto – die Partei hat immer Recht. So wurden die Römer und ihre Hinterlassenschaften in Mitteldeutschland zum „Roten Tuch“, das bis zur Wiedervereinigung keiner erneut zu schwenken wagte. In seinem Buch „Media in Germania“ kündigte er auch schon seinen Folgeband an, der den Titel „Drusus“ erhalten sollte und dessen Einleitung folgendermaßen begann: „Auch in Mitteldeutschland existieren Zeugnisse der Römerzeit: Erdwerke und Steinbauten, Überreste von Kastellen, Wachtürme, Limes- und sonstige Anlagen ....doch zeigt die bisherige Forschungsarbeit bereits das Ergebnis, dass die Entstehung der Römerwerke in die Zeit um 100 zu datieren ist, von der die antiken Quellen berichten, Rom habe in Germanien rechts des Rheins den „alten Zustand“ wiederhergestellt, das heißt „das Land bis zur Mündung der Elbe befriedet“ und „fast zur Provinz gemacht“- und Städte und Befestigungen (Urbs) angelegt. Aus alledem geht hervor, dass wir mehr als bisher die Elbe als althistorische Kulturgrenze ansehen müssen, die auf die Römerzeit zurückgeht.“ Aber Dr. Walther Pflug musste so viele Repressalien erdulden, dass es zu keiner Veröffentlichung mehr kam.

Wir kommen nun zu einem archäologischen Fund, der nicht dem direkten Harzvorland zu zuordnen ist.

Der aber auf Grund seiner Bedeutung und der vielen offenen Fragen, die er bis heute hinterlässt, in meinen Ausführungen nicht fehlen soll.

Im Jahr 1868 legte ein garnisoniertes Infanterieregiment am Fuße des Galgenbergs bei Hildesheim einen Schießplatz an. Dabei stießen die Soldaten am 17. Oktober beim Anlegen einer Böschung sowie der zugehörigen Ausgleichsarbeiten auf eine „spiralförmig gewundene Stange“ als erstes Fundstück. Einen Augenzeugenbericht über diesen Fund gibt es nicht. Aber vom Kommandeur des Regiments „von Cohausen“ gibt es eine exakte Schilderung des Vorgangs, der in der Hildesheimer Allgemeinen Zeitung am 15. August 1869 veröffentlicht wurde. Der Hildesheimer Silberschatz umfasste demzufolge 68 silberne Gefäße und Geräte mit einem Gesamtgewicht von rund 54 Kilogramm. Somit zählt dieser Silberschatz neben dem Schatz von Bernay in der Normandie und dem von Bosco Reale am Vesuv zu den drei größten Funden antiken Silbergeschirrs. Der Schatz besteht aus Teilen der Ausstattung eines „Tricliniums“. So wird ein römisches Tafelservice für drei Personen bezeichnet. In jahrelanger, mühevoller Kleinarbeit wurden alle Fundstücke restauriert. Der Fund gibt jedoch bis heute auch allen Fachleuten Rätsel auf. Unstrittig ist, dass zahlreiche Teile des Silbers aus augusteischer Zeit oder früher stammen. Aber es sind auch Teile dabei, die auf eine keltische Herkunft deuten und deren Herstellung teilweise ins 2. bis 4. Jahrhundert gedeutet werden. Auf verschiedenen Teilen sind insgesamt vier Inschriften vorhanden, die auf Vorbesitzer des Geschirrs hinweisen, allerdings nicht auf ihren letzten Besitzer. Auch auf eine entscheidende Frage „Wann ist der Schatz an seinem Fundort in die Erde gekommen?“ gibt es bisher keine wissenschaftlich plausible Antwort. Es gibt unzählige Theorien zu Herkunft, Fundhintergrund und Fundort. Viele ranken sich seit 150 Jahren um die Varusschlacht und Arminius, der als Kriegsbeute zu dem Schatz kam. Heute gehört der Hildesheimer Silberschatz dem Alten Museum Berlin und wird dort im Hauptgeschoss den Besuchern auch vorgestellt, ein Teil ist auch in Besitz des Landesmuseums Sachsen-Anhalt

Der Denkmalpfleger Otto Krüger, aus Pabstorf im Großen Bruch bei Halberstadt, war ständig auf der Suche den kulturellen Hinterlassenschaften unserer Vorfahren. So hörte er auch aus älteren Überlieferungen von Pfostenfunden und Moorwegen im Großen Bruch.

Gezielt suchte er danach und fand 1926 einen solchen zwischen Dedeleben und Westerburg. Durch die Kriegswirren interessierte sich aber über 30 Jahre die Wissenschaft nicht dafür bis man sich 1959/60 in der DDR dazu entschloss, den Moorweg auszugraben. Inzwischen gab es die Zonengrenze, die von dem Moorweg geschnitten wurde. Man konnte also nur das DDR-Stück ausgraben. Der Westerburger Moorweg wurde auf einer Länge von 273,5 Metern bis zur Grenze vermessen und ausgegraben. Die Anordnung der Pfähle in drei Reihen mit einer Gesamtbreite von 5,5 bis 6 Metern lässt auf zwei Fahrbahnen schließen. Die an einem Pfosten vorgenommene ^{14}C – Datierung ergab ein Zeitfenster von 200 bis 100 nach Christus. Die Pfosten dienten zur Befestigung eines Bohlenbelags auf dem moorigen Untergrund.

Im Jahr 1962 wurde ein zweiter Moorweg bei Papstorf entdeckt, bei dem noch Belagreste vorhanden waren. Dieser Fund schien so wichtig, dass man 1972 eine erneute archäologische Grabung durchführte. Dies geschah in Zusammenarbeit zwischen ost- und westdeutschen Fachleuten. Sogar die Grenze wurde dafür für viele Wochen verlegt. Dieser Moorweg war über 9 Meter breit und in sechs Reihen aufgestellt. 138 versteinerte Pfosten wurden neben zahlreichen anderen Römischen Funden ausgegraben und ins Landesmuseum Halle verbracht. Hier lassen Münzfunde, ein Denar des Kaisers Tiberius (14 bis 37 nach Christus) und ein Sesterius des Servus Alexander (222 bis 235 nach Christus), auf eine lange Benutzung dieser wichtigen Moorübergänge in Süd-Nord-Richtung schließen. Über die Fundauswertungen sowie Datierungen ist mir nichts bekannt. Auch sind von allen Funden im Landesmuseum Halle nur noch drei Münzen auffindbar. Besagter O. Krüger hatte noch zwei weitere Münzen gefunden, einen Antoninian des Gallienus (253 bis 268) sowie einen Denar Trajans (98 bis 117).

Von der Archäologie in Sachsen-Anhalt werden auch folgende Standorte im nördöstlichen Vorharz al potentielle Römerlager angesehen (siehe Pilotstudien, Ralf Schwarz, Landesamt für Archäologie Sachsen-Anhalt):

- Lager bei Halberstadt – Mahndorf – war schon zu DDR-Zeit bekannt
- Lager bei Wegeleben vom Luftbildarchäologen Ralf Schwarz 1999 festgestellt (TK-Nr.4133, LB-Nr.1201)
- Lager Halberstadt – Ost auch von Ralf Schwarz 1999 festgestellt (TK-Nr. 4032, LB-Nr. 1151)
- Lager Halberstadt – Warmholzberg vom Luftbildarchäologen Otto Braasch 1992 festgestellt
- Lager Halberstadt – Mitte durch Anstich des Lagergrabens 1996 bei Bau der

Filiale der LZB in Halberstadt-Westendorf festgestellt;
- Mehrlegionenlager Ovelgönne, Gemarkung Siegersleben (TK.-Nr. 3833, LB-Nr. 2959)
- Weitere mögliche Lager werden für Ermsleben, Beesenlaublingen und Veckenstedt angegeben

Rauch zieht zwischen den Hütten hindurch, der Wind hat sich von Ost nach West gedreht und treibt den beißenden Rauch in die kleine Siedlung von Grubenhäusern. In einiger Entfernung befüllt gerade ein Schmied den Schlot eines Schmelzofens. Dazu schüttet er klein geschlagenes und geröstetes Erz zusammen mit Holzkohle ein. Dann facht er mit einem Blasebalg die Glut im Inneren des Lehmschlotes an. Ständig wirft er prüfende Blicke in den Schlot, der heute als Rennfeuerofen bezeichnet wird. Die Farben der Flammen verraten ihm die Temperatur, und er weiß welche Temperatur erforderlich ist, um das Eisen vom Erz zu trennen. Wir wissen heute, dass entsprechend des Erzes zum Schmelzen von Eisen bis zu 1.530 Grad Celsius erforderlich sind. Soviel Temperatur war mit diesen Lehmöfen nicht zu erreichen. Aber entsprechende Experimente haben bewiesen, 1.300 Grad Celsius können sehr wohl mit diesen einfachen Konstruktionen erreicht werden. Diese Temperatur reicht aus, den sogenannten Eisenschwamm entstehen zu lassen. Diese Eisenschlacke fließt dann nach außen um zu erstarren. Daher der Name „Rennfeuerofen“. Und dieser Eisenschwamm kann im erkalteten Zustand ausgeschmiedet werden. Dass der Harzraum, zumindest die Region Blankenburg – Quedlinburg, zur Zeitenwende wesentlich dichter besiedelt war als bisher angenommen, zeigten die Grabungen und Forschungen entlang der Trasse der B6n in den Jahren 2002 bis 2006. Die in den vorherigen Abschnitten bereits mehrfach erwähnte Siedlung Marsleben gibt auch für diese Epoche entscheidende Erkenntnisse preis. Insbesondere die dreißig Rennfeueröfen zur Eisenherstellung aus dieser Zeit, lassen auf eine umfangreiche Besiedlung der Region sowie auf eine Art „vorindustrieller Fertigung“ schließen, die weit über den Eigenbedarf hinausging. Eine Datierung durch die ^{14}C-Methode ergab die Zeit um Christi Geburt. Auch eine Siedlung aus dieser Epoche wurde gefunden.

Nachdem die Römischen Germanenkriege und insbesondere die Varusschlacht in der Neuzeit wieder zum Thema wurden und Arminius die Bedeutung eines nationalen Volkshelden errang, setzten sich auch zahlreiche Künstler mit dieser Thematik auseinander. Beginnend mit Ulrich von Hutten und Martin Luther, ließ sich der Quedlinburger Dichter Friedrich Gottlieb Klopstock von dem Cheruskerfürsten inspirieren. Es folgten Goethe, Schiller, Kleist, Arndt, Fichte und viele weitere Dichter und Denker.

Es gibt da auch ein Gedicht, geschrieben 1772 von Friedrich Leopold Graf zu Stolberg, welches zum Nachdenken anregt:

„Der Harz Herzlich sey mir gegrüßt, werthes Cheruskerland! Land des nervigen Arms und der gefürchteten Kühnheit, freieres Geistes, denn das blache Gefild umher! Dir gab Mutter Natur aus der vergeudeten Urne männlichen Schmuck, Einfalt und Würde dir! Wolkenhönende Gipfel, Donnerhallende Ströme dir! Im antwortenden Thal wallet die goldene Fluth des Segens, und strömt in den genügsamen Schooß des lächelnden Fleißes, Der nicht kärglich die Garben zählt. Schaafe weiden die Trift, auf der gewässerten Aue brüllt der Stier, stampft das gesättigte Roß, die bärtige Ziege klimmt den zackigen Fels hinan. Wie der schirmende Forst deinem erhabenen Nacken schattet! Er nährt stolze Geweihe dir! Dir den schnaubenden Keiler, der entgegen der Wunde rennt! Dein wohlthätiger Schooß, selten mit goldenem Fluche schwanger, verleiht nützendes Eisen uns, das den Acker durchschneidet und das Erbe der Väter schützt. Dir gibt reine Luft und die teutonische Keuschheit Jugend von Stahl: moosigen Eichen gleich, achten silberne Greise nicht der eilenden Jahre Flug. Dort im wehenden Hain wohnt Begeisterung; Felsen jauchzten zurück, wenn sich der Barden Sang unter bebenden Wipfeln durch das hallende Thal ergoß. Und Dein Hermann vernahms! Sturm war sein Arm! Sein Schwert Wetterflamme! Betäubt stürzten die trotzigen Römeradler, und Freiheit strahlte wieder im Land Teuts! Doch des Heldengeschlechts Enkel verhüllten Hermanns Namen, bis ihn (auch er dein Sohn!) Klopstock's mächtige Harfe sang der horchenden Ewigkeit. Heil, Cheruskia, dir! Furchtbar und ewig steht, gleich dem Brocken, dein Ruhm! Donnernd verkünden dich Freiheitsschlachten! Und donnernd dich unsterblicher Lieder Klang."

Das Geschlecht der Grafen von Stolberg ist ein altes, ein sehr altes Adelsgeschlecht. Bis in das 12. Jahrhundert, also über 800 Jahre, lässt es sich zurückverfolgen und beurkunden. Aber diese Adelsgeschlechter tauchten im Mittelalter nicht wie „Phönix aus der Asche" auf. Die Stolberger hatten sich schon weit zurückliegend aus den germanischen Völkern hervorgetan und eine Legende sagt ihnen römische Abstammung nach. Diese Fürstengeschlechter hatten schon in frühen Zeiten Chronisten und Gelehrte in ihren Diensten, die wissenschaftlich tätig waren und das Wissen rund um ihre Geschichte bewahrten.

Auch ist bekannt, dass die Vorfahren von F. L. Graf zu Stolberg über viele Generationen als Übersetzer griechischer und lateinischer Schriften, als Geschichtsforscher und als Staatsmänner tätig waren. Was wusste dieses alte

Adelsgeschlecht über die Varusschlacht, über Römer und Cherusker, über Varus und Arminius, was wir heute nicht mehr wissen? Sahen auch die alten stolbergischen Chronisten die Wurzeln des Geschlechts in der römischen Geschichte?

Friedrich Leopold Graf zu Stolberg wurde im Jahr 1750 geboren, sein Bruder Christian schon 1748. Nachdem Ihr Vater Christian Günther Graf zu Stolberg im Jahr 1765 verstorben war, kümmerte sich der Freund des Hauses, Friedrich Gottlieb Klopstock, als väterlicher Freund um die beiden Grafen. Sollte Klopstock, der bereits im Jahr 1769 das erste Werk seiner Hermanns-triologie „Hermanns Schlacht" schrieb, Ideengeber für F. L. Graf zu Stolberg und dessen Harzgedicht gewesen sein? Aber Klopstock macht meines Wissens in keinem seiner Hermannswerke Ortsangaben.

Oder war gar Graf Stolberg der Initiator für Klopstocks Hermannswerke? Das Geschlecht der Stolbergs ist aufs engste mit dem Harz verbunden und Klopstock stammt aus Quedlinburg. Ein klassischer Fall also für Literatur- und Geschichtswissenschaftler!

Die Harzregion in der jüngeren römischen Kaiserzeit

Von dieser Zeit – etwa von 100 bis 400 nach Christus- haben wir wenig Kunde über Vorkommnisse und Entwicklungen in der Harzregion. Es gibt trotzdem Interessantes zu berichten, was insbesondere die Entwicklung der Gesellschaft betrifft, denn die nahm insbesondere in dieser Epoche Gestalt an. Da waren zuerst, seit der Zeitenwende, die germanischen Völker in der Harzregion, wie Cherusker, Chatten, Langobarden usw., die in der Wissenschaft als Kulturverband des elbgermanischen Kulturkreises bezeichnet werden. Gern fasst man die Elbgermanen auch unter der Stammesgruppe der Sueben (auch Sweben, Suewen) zusammen. Dieser Kulturverband bildete Stämme heraus, die wichtigen Bestandteil für das politische Geschehen und das staatliche und gesellschaftliche Leben darstellten. Die Römer pflegten diese Stämme in ihren Aufzeichnungen vornehmlich „Civitas" zu nennen. Der strukturelle Vergleich des Stammes mit dem eines heutigen Bundeslandes hat sicher einiges gemein. Ein solcher Stamm waren die Cherusker. Das Stammesgebiet war wiederum in Gaue aufgeteilt. So hatten z.B. die Cherusker ihr Stammesgebiet in 4 bekannte Gaue mit Namen Flenithi, Astfala, Ambergo und Derlingo aufgeteilt. Die Gaue scheinen eine Verwaltungs-, Rechts- und Thingfunktion, anlehnend an den heutigen Landkreis, ausgeübt zu haben. Die Grenzen der genannten Gaue hatten lange Zeit Bestand, zum Teil bis ins 9. bis 10. Jahrhundert hinein. Innerhalb der Gaue entwickelten sich Sippen, die man auch als Familienverbände bezeichnen könnte. Einige der genannten Gaubezeichnungen lebten in den heute noch gebräuchlichen Landschaftsnamen wie z.B. Ostfalen und Ambergau fort; letzterer ist das Gebiet um Bockenem am Harz im südlichen Niedersachsen. Aus der Zeit vor der hier behandelten Epoche, berichten uns schon die antiken Schriftsteller einiges über die Cherusker, diesen einstmals mächtigen, aber auch geheimnisvollen Germanenstamm. So erfahren wir von Tacitus (Annalen) einiges über den Cherusker Arminius. Der war der Sohn des Cheruskerfürsten Segimer und wurde um 17 vor Christus geboren. Angenommen wird, dass die Cherusker bereits während der Germanenkriege um 8 vor Christus einen ersten Vertrag mit den Römern schlossen. Wahrscheinlich wurde Arminius in Rom ausgebildet. Er erhielt das römische Bürgerrecht und diente längere Zeit im römischen Heer, bevor er die germanischen Krieger in die Varusschlacht führte. Tacitus schrieb über ihn in seinen Annalen Worte hoher Anerkennung: *„Unstreitig war er der Befreier Germaniens und hat das römische Volk nicht in den ersten Anfängen seiner Macht, wie andere Könige und Heerführer, sondern in seiner höchsten Blüte herausgefordert... Noch heute besingen ihn die Barbarenvölker ....Die römischen Geschichtsschreiber würdigen ihn nicht gebührend."*

Auch sagt man Arminius nach, die Vision eines germanischen Großreiches gehabt zu haben. Aber Zwist in der eigenen Familie vereitelte sein Vorhaben. Man nimmt an, dass er 21 nach Christus von der eigenen Verwandtschaft ermordet wurde. Auch die Gemahlin von Arminius ist überliefert. Sie hieß Thusnelda und wurde 15 nach Christus von den Römern gefangen genommen. Sie war zu jener Zeit schwanger und brachte in römischer Gefangenschaft den gemeinsamen Sohn Thumelicus zur Welt. Überliefert ist uns auch von Cassius Dio, dass Italicus, ein Neffe von Arminius, im Jahr 47 König der Cherusker war. Dessen Sohn Chariomerus, war anscheinend um 84 der letzte König der Cherusker, denn weitere Personalien sind nicht überliefert. Danach, so nimmt man an, begannen die Cherusker und die Angrivarier mit dem Sachsenvolk in einem Bund zu verschmelzen. Trotzdem haben sie als Volk nicht aufgehört zu existieren und sind später wohl unter dem Namen Falen wieder geschichtsträchtig geworden. Seit der Entstehung der Stämme und Gaue und der Festschreibung von Grenzen begannen sich auch die „adeligen" Sippen herauszubilden. Sippen können auch als Verwandtschaftsverband angesehen werden. Kurzum, die Sippen gehörten zum Grundbestand des gesellschaftlichen Lebens und dessen Ordnung. Die kleinste gesellschaftliche Einheit bildete die Familie, auf deren Bedeutung wohl nicht weiter eingegangen werden muss. Entscheidend in dieser Epoche der Gesellschaftsbildung sowie für die folgenden Jahrhunderte war die Herausbildung dieser adligen Sippen. Stammes- und Gaufürsten wurden nicht wie zuvor, von der Gemeinschaft gewählt, auch nicht der Stärkste oder Tapferste wurde zum „Anführer". Diese Rang- und Besitzansprüche wurden zunehmend vererbt.

Nachdem die Germanischen Völker, insbesondere die des Elbgermanischen Kulturkreises, die Römer zu Beginn des 1. Jahrhunderts endgültig besiegt hatten und ihnen im wahrsten Sinne des Wortes ihre „Grenzen" aufgezeigt, herrschte anscheinend weitgehend Ruhe im freien Germanien und so auch in der Harzregion. Zahlreiche Funde von römischen Gebrauchsgegenständen, römischem Schmuck sowie römischen Münzen deuten darauf hin, dass man sich arrangiert hatte. Ob die Funde ausschließlich Handelsgut waren, wie die Mehrzahl der Historiker und Archäologen glauben, oder ob auch Römer im freien Germanien ständig anwesend waren, wird kaum zweifelsfrei zu belegen sein. Zu Beginn des 2. Jahrhunderts war es mit der Ruhe im Norddeutschen Raum vorbei. Zwischen Ostsee und Schwarzem Meer gerieten die Völker in Bewegung. So auch die der suebischen Stammesgruppe. Die sogenannte „Erste germanische Völkerwanderung" nahm ihren Anfang. Die Gründe dafür sind nicht bekannt.

Querschnitt eines Rennfeuerofens
der jüngeren römischen Kaiserzeit im Harz

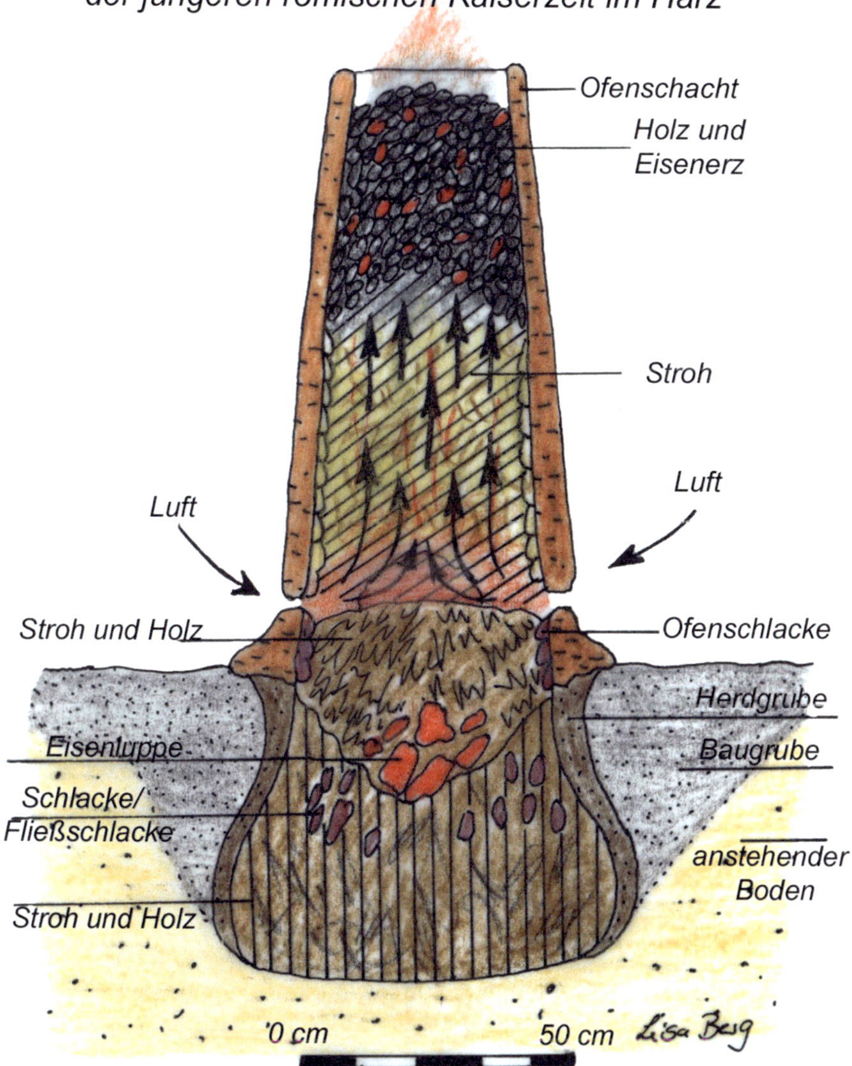

gezeichnet von Lisa Berg - frei nach Hingst

Rekonstruktion nach niedersächsischen Moorleichen
Lisa Berg frei nach J. Friesen
"Einführung in Niedersachsens Urgeschichte" 1939

Die Geschichte hat aber gelehrt, dass Völkerwanderungen im Wesentlichen von zwei Faktoren beeinflusst wurden: Armut durch Unterdrückung oder Armut und Hunger durch Missernten. Armut durch Unterdrückung kann für das freie Germanien ausgeschlossen werden. Bleibt Armut und Hunger durch Missernten. Und diese Situation ist fast immer auf Klimaveränderungen und lang anhaltende Schlechtwetterperioden zurückzuführen. Heute geht die Wissenschaft davon aus, dass nach dem Jahr 174 ein großer Suebenauszug begann, der das Land von der Havel bis zum Harz zum Teil entvölkerte. Es wird vermutet, dass in die verlassenen und somit freien Gebiete zum Beispiel die aus Schonen in Schweden stammenden Völker der Warnen und Heruler einwanderten. Schonen ist ein Gebiet in Südschweden, das schon 500 vor Christus sehr dicht besiedelt war.

Solidus des Theodosius II., (408-450), Rieder

Großbronze des Hadrian, 2. Jh, Quedlinburg

Bronzemünze den Antonius Pius, 2. Jh., Quedlinburg

Bronzemünze des Valentinus, (365-379), Ditfurt

Bronzemünze des Galerianus Maximus, (305-311), Ditfurt

Bronzemünze des Marcus Aurelius, 2. Jh. Quedlinburg

Münzen aus der späten Römischen Kaiserzeit
aus Städtische Museen Quedlinburg 1980

Insbesondere in den nordöstlichen Harzregionen haben sie sich niedergelassen wie uns die Stammsilbe „leben" in den späteren Ortsgründungen wie Wegeleben, Harsleben, Adersleben, Weddersleben und so weiter verraten. Auch der Name der schon mehrfach genannten ehemaligen Siedlung bei Quedlinburg mit dem Namen Marsleben, dürfte diesen Ursprungs sein. Auf jeden Fall drängten ab dieser Zeit germanische Völker nach Süden, andere nordische Völker nahmen ihren Platz ein und vermischten sich mit der verbliebenen Bevölkerung. Die übliche Tradition der Totenverbrennung erschwert den Fund deutbarer Hinterlassenschaften. Und auch die römischen Chronisten sahen scheinbar keinen Grund mehr über das freie Germanien zu berichten. Die mit der Wanderung der Teutonen und Kimbern etwa 120 vor Christus begonnene Suche nach neuem Lebensraum, erhielt einen neuen Aufschwung.

Es folgte die „Zweite Germanische Völkerwanderung“ im 4. nachchristlichen Jahrhundert. Sachsen, Schwaben, Franken, Burgunder und Thüringer waren die neuen germanischen Volksstämme, die sich auf der Suche nach neuen Lebensräumen erbitterte Kämpfe lieferten.

Ärzteinstrumentarium aus Bronze und Eisen
aus einem Urnengrab bei Aschersleben
aus R. Laser "Römische Funde" 1979

Die Zeit der Völkerwanderung im Harzgebiet

Unter der Geschichtsepoche „Völkerwanderungszeit" versteht man die spätantike Wanderbewegung der germanischen Völker, die, wie im vorangegangenen Abschnitt schon dargelegt, mit dem Beginn des 2. Jahrhunderts eingeläutet wurde. Als Völkerwanderungszeit im engeren, wissenschaftlichen Sinne wird der Zeitraum von 375 (Hunneneinfall) bis 568 (Einfall der Langobarden in Italien) bezeichnet.

Die gesamte Völkerwanderungszeit und der beginnende Zusammenbruch des Römischen Reiches wurden von großen Klimaveränderungen begleitet. Besonders zum Ende dieser Epoche soll der Temperaturrückgang extrem gewesen sein. Der Vulkanologe Ken Wohletz vom Los Alamos National Laboratory hat Indizien dafür gefunden, dass im Jahr 535 im heutigen Indonesien ein gewaltiger Vulkanausbruch stattgefunden haben muss. Dieser soll der gewaltigste in der überlieferten Geschichte gewesen sein. Der Vulkanologe nennt diesen Vulkan Proto-Krakatau, denn er soll die Insel Sumatra mit Java verbunden haben. Nach dem Ausbruch soll er im Meer versunken sein und eine Anzahl kleinerer Vulkane hinterlassen haben, zu denen auch der heutige Krakatau zählt. Der Ausbruch soll so gewaltig gewesen sein, dass Unmengen an Asche und Material in die Stratosphäre gelangten und dann wohl Jahre dort verblieben. Diese dicke Asche-Wolkenschicht hat dann für Jahre die Sonneneinstrahlung erheblich herabgesetzt. Fehlende Sonne sowie Temperatursturz werden dann zu erheblichen Missernten geführt haben, die ein Grund dafür sein könnten, dass sich so viele notleidende Völker aufgemacht haben, um nach neuen Lebensräumen zu suchen.

Wie ein Orkan war im Jahr 375 nach Christus der Hunnensturm über Europa hereingebrochen. Die Goten im Osten Europas hatten dem asiatischen Steppenvolk, mit ihren unendlichen Reiterscharen, nichts entgegenzusetzen. Der Hunnensturm, der weite Teile Ost- und Südeuropas in Angst und Schrekken versetzte, erfasste auch die seit 1.000 vor Christus hin- und herwogenden germanischen Stämme und Völker. Einige von Ihnen, zum Beispiel die Terwingen, aus denen sich später die Westgoten entwickelt haben sollen, suchten Schutz im römischen Reich. Das Imperium Romanum zog sich zu dieser Zeit jedoch immer weiter zurück. Es hatte zunehmend mit eigenen, innenpolitischen Problemen zu kämpfen, die im Jahr 395, nach dem Tod Kaiser Theodosius I., in einer Teilung in das West- und Oströmische Reich gipfelten. Diese Teilung sollte nicht wie vorangegangene eine verwaltungstechnische sein.

Kleid und Schmuck einer Sächsin, Rekonstruktion
Lisa Berg frei nach W. A. van Es, I. Ypey 1977

Es war eine politische Teilung, die der Anfang vom endgültigen Ende des Römischen Reiches sein sollte.

Die von den Hunnen vertriebenen germanischen Völker, allen voran die Goten, lösten auf ihrer Flucht eine Art Kettenreaktion aus. Die Goten hatten unter anderem die Vandalen aus ihren Gebieten zwischen Weichsel und Oder verdrängt. Auf der Flucht zogen die Vandalen um 407/09 durch Gallien und plünderten es aus (daher der bis heute gebräuchliche Spruch "hausen wie die Vandalen"). Da sie, auf der Iberischen Halbinsel angekommen, von den Westgoten bedrängt wurden, führte sie ihr Weg weiter über die Meerenge von Gibraltar in die römische Provinz Africa. Im Jahr 439 eroberten sie unter ihrem König Geiserich Karthago und begründeten damit das Vandalenreich.

Im Jahr 451 konnte der römische Feldherr Flavius Aetius mit Unterstützung der Westgoten und der Burgunden das Hunnische Heer unter Attila in der Schlacht auf den „Katalaunischen Feldern" besiegen. Attila starb dabei und das Hunnenreich zerfiel. Die einmal in Gang gekommene Völkerwanderung, die teilweise auch als Verdrängung bezeichnet werden könnte, war nicht zu stoppen. Germanische Völker drängten auf der Suche nach Siedlungsland ins Imperium Romanum. Die Römer waren inzwischen reich an Erfahrungen mit den Germanen und wussten deren Tugenden zu schätzen. Sie halfen darum den Neuankömmlingen, zum Beispiel den Westgoten, bei deren Ansiedlung. Diese Taktik der Eingliederung germanischer Völker sollte dem Imperium Romanum aber nicht mehr wirklich helfen. Im Jahr 486 beseitigten die Franken unter ihrem König Chlodwig die verbliebenen Reste des Römischen Reiches in Gallien.

In der Römischen Kaiserzeit hatten sich auch die Sueben am Nordharz angesiedelt. Die Sueben bezeichnen eine Stammesgruppe germanischer Völker, die schon die römischen Chronisten wie Caesar, Tacitus und Ptolemäus beschrieben. Den Sueben werden eine Vielzahl germanischer Völker wie z.B. Hermunduren, Semnonen, Langobarden und Brukterer zugeschrieben. Etymologisch leitet sich vom Begriff „Sueben" der spätere Stammesname der Schwaben ab. Überliefert ist, dass am 31.Dezember 406 ein Stamm namens Suebi, begleitet von anderen germanischen Stämmen, den Rheinübergang bei Mainz überquerte. Im Jahr 409 drangen die Suebi nach Hispanien (Iberische Halbinsel) vor. Dort wurde ihnen das nordwestlichste Gebiet Galicien zugeteilt. Die Sueben nahmen dort das Christentum an und überliefert ist ein erster iberischer Suebenkönig mit Namen Hermerich (gestorben 440). Soweit die bekannten geschichtlichen Fakten. Bekannt ist auch, dass sich mit dem

Niedergang des Thüringerreiches im Harz durch die Niederlage gegen die Franken, östlich der Oker Schwaben ansiedelten.

Im November 2010 erhielt ich von Herrn Ralf Pochadt aus Niederkassel eine Mail. Herr Pochadt ist geschäftlich oft im nordspanischen Asturien unterwegs und hat dort eine zweite Heimat gefunden. Er hatte zahlreiche meiner Veröffentlichungen gelesen und wies mich darauf hin, dass es zwischen Asturien und den Sueben augenscheinlich Zusammenhänge mit der Harzregion geben könnte. So gibt es dort eine „Sierra del Sueve“, ein etwa 82 Quadratkilometer großes Gebiet am Meer, in dessen Kern ein 1.161 Meter hohes Bergmassiv liegt. In der Sierra lebt noch heute ein Wildpferdform, die Asturcon heißt und nur in diesem spanischen Gebiet beheimatet ist. Als Ursprung vermutet man keltische oder germanische Pferde! Der Monte Sueve bildete am Fluss Sella die östliche Grenze der römischen Provinz Gallaecia (Königreich der Sueven von 411 bis 585). Die naheliegende Ableitung des Wortes Sueve aus dem gleichnamigen Germanenstamm wird von den Spaniern mit der Begründung abgelehnt, dass es keine weiteren Indizien für diese Herkunft gäbe. Allerdings weist die Namensgebung einiger Orte und Familiennamen im Gebiet des Sueve, die auf Bode und Bodes lauten, erstaunliche Parallelen zum ehemaligen Siedlungsgebiet der Sueven im Harz auf. Der Name Bode ist in der Sierra del Sueve erstmals für die Zeit des Königreichs der Sueben belegt. Ein Gedenkstein aus dem Säulengang der Kirche Santo Tomás (Nahe Bodes, Monte Sueve) aus dem Jahr 477 trägt die Aufschrift „BOVIICIO BODE“. Der Sage gemäß, stammt der Name der Bode aus der Thüringerzeit des Harzes! Im Harz befindet sich das sagenumwobene Bodetal mit dem Fluss Bode. In den Wäldern befanden sich heilige Eibenhaine der Germanen (und der Sueben?). Die Eibenbestände im Harz und so auch die im Bodetal, wurden im Mittelalter fast ausgerottet, denn Eibenholz war das Holz für den Bogenbau. Es war wohl, neben den Metallen, einer der erste „Exportschlager“ des Harzes, denn das Eibenholz ging nach ganz Europa. Heute gibt es im Bodetal nur noch wenige Exemplare, die streng geschützt sind, eine davon ist die uralte Humboldt-Eibe. Es gibt nur noch sehr wenige alte Eibenbestände in Europa. „Zufällig“ befindet sich in der Sierra del Sueve, nahe der Orte Bode und Bodes, der größte Eibenbestand der iberischen Halbinsel und einer der ältesten Eibenbestände Europas. Ist das alles Zufall, oder stammten die damals ausgewanderten Sueben aus dem Gebiet der Bode? Bei den germanischen Völkern und Stämmen, die in neue Siedlungsgebiete zogen war es üblich, sich dort durch Namensgebungen, Bauten, Beibehaltung kultureller Handlungen und so weiter als eine Erinnerung und Verbindung zur alten Heimat zu schaffen. Dieser Brauch hat sich grundsätzlich bis in die Neuzeit erhalten.

Rekonstruktionversuch der Kaiserplatte von Großbodungen, Kr. Worbis
Lisa Berg nach Abb. aus "Archäologie in der DDR" 1989

Silberner, als Beutegut mit einer Eisenaxt zerhackter römischer Kaiserteller aus dem Schatzfund von Großbodungen, Kr. Worbis

Abb. aus Archäologie in der DDR 1989

Wir wissen auch von den Germanen, dass alles was zur Orientierung dienen konnte, von ihnen mit Namen versehen wurde. So könnten auch die Sueben, wenn diese Vermutung, für die vieles spricht, zutrifft, Pflanzen oder Saatgut ihrer verehrten Eiben mit in die neue Heimat genommen und so diese Asturischen Eibenhaine angelegt haben.

Die älteste Runenreihe

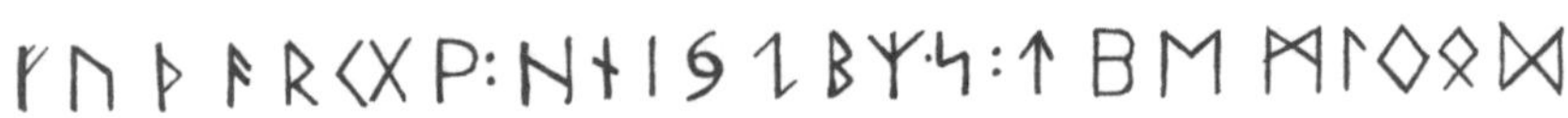

f u th a r k g w h n i j l p r s t b e m l ng o d

gezeichnet von Lisa Berg

Das Volk der Franken begann sich ab dem 2. Jahrhundert aus kleineren westgermanischen Stämmen herauszubilden. Angenommen wird, das sich die germanischen Stämme entlang des römischen Limes, unter ihnen die Usipiter, Tenkterer, Sugambrer und Brukterer zu einem großen Stammesverband zusammengeschlossen hatten, dass sich selbst als Franken (die Freien, Kühnen) bezeichnete. In den folgenden Jahren bis 534 besiegten die Franken die Alemannen, Westgoten und Burgunden und schufen damit ein Großreich, welches sich als langlebigstes der in der Völkerwanderungszeit entstandenen Reiche erweisen sollte.

Zum Ausgang der Völkerwanderung nahm das Volk der Thüringer das gesamte Harzgebiet in Besitz. Die Thüringer (lateinisch Thuringi) waren ein westgermanischer Stamm. Die Etymologie des Namens ist bis heute nicht eindeutig geklärt. Das Volk der Thüringer tauchte erstmals zum Ende des 4. Jahrhunderts auf. Es stand zu dieser Zeit unter der Herrschaft der Hunnen. Nach deren Abzug, etwa Mitte des 5. Jahrhunderts, bildeten die Thüringer ein eigenes Königreich. Der Franke Gregor von Tours, der um 590 seine „fränkische Geschichte“ veröffentlichte, schrieb von Thoringern. Seiner Aussage nach sollen diese linksrheinisch, in Nachbarschaft der Franken gelebt haben. Sicher ist, dass die Thüringer zwischen Thüringer Wald, Werra, Harz und Elbe, also im heutigen Mitteldeutschland, ihre Siedlungsgebiete hatten. Es besteht die Vermutung, dass die Thüringer aus den Hermunduren hervor gegangen sind. Der Besitz der Thüringer im Harzgebiet war aber nicht von langer Dauer. Schon im 5. Jahrhundert mussten sie sich der Sachsen aus dem Westen und der Franken aus dem Süden erwehren. In die Ebene zwischen Wernigerode und dem Regenstein verlegt eine alte Sage, welche an die Hünensteine zwischen Benzingerode und Heimburg anknüpft, die Kampfplätze in diesem Krieg. Nach „Botho“ drängten die Sachsen die Thüringer Anfang des 6. Jahrhunderts bis an die Oker aus ihren bisherigen Siedlungsgebieten. Dann sollen sie einen Vertrag mit den Thüringern geschlossen haben, wonach die Oker zukünftig die Grenze beider Völker sein sollte. Aus den späteren Gaunamen im Nordharz können wir ersehen, dass die Sachsen westlich und die Thüringer östlich der Oker lebten.

Die Sachsen waren Angehörige eines westgermanischen Stammesverbandes, der etwa seit dem 2. Jahrhundert den Nordwesten Deutschlands sowie den Osten der Niederlande besiedelte. Die Herkunft des Namens der Sachsen ist bis heute nicht eindeutig geklärt. Bekannt ist aus römischen Quellen, dass diese seit dem 3. Jahrhundert über sächsische Seeräuber klagten. Im 5. Jahrhundert wanderten Teile dieses Stammes nach England aus, was die bis heute gängige Bezeichnung „Angelsachsen“ erklärt. Durch die in mehrere Richtungen erfolgende Ausdehnung des Stammesgebietes kam es in der Folge zu einer Aufspaltung in Teilstämme. Auf dem europäischen Festland wird das Sachsenland in 3 Gaue geteilt:

- Westfalen
- Engern
- Ostfalen

Ostfalen ist der östliche Teil des Sachsenlandes: es umfasst die Region um die Flüsse Deister, Aland, Ohre, Saale, Oker und Bode, bis zur Elbe, also das Gebiet um Braunschweig, Magdeburg, Halberstadt einschließlich der gesamten Harzes im Norden und Osten, über Hildesheim bis ins Calenberger Land im Westen. Mit der Auflösung des Herzogtums Sachsen nach der Achtserklärung Heinrich des Löwen im Jahr 1180 wurde die Bezeichnung Ostfalen ausgelöscht. Was blieb, ist der Gauname.

Aber auch zwischen Thüringern und Franken brachen Kämpfe um den Harz aus, der Zündstoff zu diesem Streit hatte sich über lange Zeit gesammelt. Zuvor war der Frankenkönig Chilperich, Sohn des Meroveus, von seinen Franken vertrieben worden. Er hatte über acht Jahre Zuflucht bei den Thüringern gefunden. Im Jahr 464 soll er in sein Reich zurückgekehrt sein. Zuvor soll er die Gattin des Thüringerkönigs Basinus verführt haben, die Chilperich in dessen Reich folgte. Er nahm Basina zur Frau und zeugte mit ihr Chlodwig.

germanischer Krieger des 3.- 4.Jh.n.Chr.
Lisa Berg frei nach: S. Müller "Nordische Altertumskunde"

Dieses Zeugnis haben wir aus der „Historia Francorum“ von Gregor von Tours (von 538 bis 594). Der Überlieferung nach sollen daraufhin die Thüringer ins Frankenreich eingefallen und mordend und zerstörend durchs Land gezogen sein. Nachdem Chlodwig I., zuvor einer von vielen fränkischen Kleinkönigen, die Römer in Gallien geschlagen und vertrieben hatte, begann er 491 einen Feldzug gegen die Thüringer, um deren Untaten zu rächen. Dabei zerstörte er das Land und tötete viele Thüringer.

Das Thüringerreich selbst war nach König Basinus Tod unter dessen Söhnen Berthar, Baderich und Irmenfried aufgeteilt worden und das führte zu Familienzwistigkeiten. Zur Beilegung dieser Zwistigkeiten rief König Irmenfried im Jahr 515 den Sohn des Frankenkönigs Chlodwig, Theodorich, zu Hilfe. Die beiden Könige verstritten sich aber. Daraufhin begann Theodorich von Köln aus einen Feldzug gegen Thüringen.

Es kam zur Schlacht, in der die Thüringer blutige Verluste erlitten. Die Thüringer zogen sich daraufhin zurück. Der Franke Theodorich errichtete bei Ohrum, unweit von Schladen, ein festes Lager und verbündete sich mit den dort ansässigen Sachsen. Diese Informationen schildert ausführlich Widukind von Corvey. Die Sachsen belagerten und zerstörten Irmenfrieds Burg und nahmen den nördlichen Teil des Thüringerreiches bis zum Zusammenfluß von Saale und Unstrut in Besitz sowie das ganze Gebiet des späteren Bistums Halberstadt. Die Franken dagegen nahmen das Thüringergebiet östlich der Unstrut in Besitz, das später Ostfranken heißen sollte.

In der darauf folgenden Zeit wurden die Sachsen zu den Herrschern über den Harz. Unter den Sachsen durften aber die Thüringer als Unterworfene am Harz in alten Sitzen, besonders östlich der Bode, verbleiben. Da, wo im östlichen Harz die Flüsse des Gebirges entweder in Richtung Bode oder aber zur Tira, Beer, Zorge, Wiede oder Ocker abfließen, war die Trennung der Besitztümer von Sachsen und Thüringern. Von dem vielverzweigten Volk der Sachsen siedelten sich Stämme der Ostfalen, Engern, Haruden und Friesen am Harz an. Dazu kamen noch zwei fremde Stämme, die Schwaben und die Hofinger, die mit den Sachsen später verschmolzen. Die Engern breiteten sich besonders zwischen den Flüssen Ocker und Innerste aus und dies bis in den Oberharz. Die direkten Nachbarn der Engern waren die Haruden. Dieser Sachsenstamm nahm den Bereich zwischen Ocker und Bode in Besitz, also das spätere Besitztum des Halberstädter Bistums.

Aber auch die Wenden scheinen an der Nordseite des Gebirges vereinzelt gesessen zu haben. Denn die Ortsnamen Reddeber, Wendefurth, Heudeber, Minsleben (Mineslav), Bersel (Birislaw) und Schauen (Scaun) deuten auf wendischen Ursprung.

Zu Beginn des 6. Jahrhunderts, im Übergang von der Völkerwanderungszeit zum frühen Mittelalter, wurden die Thüringer von den Sachsen am Nordharz verdrängt. Aber es blieben nordthüringische Unterstämme wie zum Beispiel die Angeln und die Warnen in der Region und verschmolzen mit den sächsischen Stämmen. Erste feste Siedlungen und Baulichkeiten wurden errichtet und namentlich benannt. Die ersten Ansiedlungen erhielten Namen mit den Endungen „leben“ oder „stedt“.

Um das Jahr 568 zogen die Sachsen auf Bitte des Langobarden-Königs Alboin zum Kampf gegen die Römer nach Italien. Mit diesem Auszug aus einigen Harzgebieten geht auch die Völkerwanderungszeit zu Ende. In den von den Sachsen verlassenen Gebieten wurden die Schwaben sesshaft, es kam dadurch zur Entstehung des Schwabengaus. Die Sachsen kamen aber enttäuscht aus Italien zurück und wollten ihr Land von den Schwaben wiederhaben. Da Anfangs keine Einigung zwischen den beiden Völkern erzielt werden konnte, kam es zu mehreren Kämpfen bis man sich einigte, friedlich nebeneinander zu siedeln. Von der Bode ab, über die Selke, die Wipper, bis zur Saale, waren von da an die Schwaben vorherrschend. Aus ihren Herrschergeschlechtern gingen nach Aussage des Sachsenspiegels später die Fürsten von Anhalt sowie die Markgrafen von Brandenburg hervor.

Die östlichsten und die südöstlichsten Ausläufer des Harzes nahmen die Hosingen ein (Hosgowe, Hassengau). Auf der Südostecke des Harzes, zwischen Helme und Wipper, hatten sich die Friesen eingerichtet. Das Land zwischen den Städten Mansfeld, Eisleben, Allstedt und Sangerhausen hieß deshalb Friesenfeld. Auch einige Orte mit den Endungen „werfen“ wie Ober- und Niedersachswerfen deuten auf friesische Gründungen hin. Ich möchte hier jetzt keine weiteren Ausführungen zur Toponomastik der Harzregion machen, denn dazu werden weitere Ausführungen bei der mittelalterlichen Geschichte des Harzes in Band 2 folgen.

Festgestellt werden kann aber: Zur damaligen Zeit waren die Harzvorlande viel dichter besiedelt als heute. Zwar war die Bevölkerungszahl wesentlich geringer, die Anzahl der Dörfer war aber viel größer als heute. So wurden von Delius allein in der Grafschaft Wernigerode etwa 21 Dörfer nachgewiesen. Um

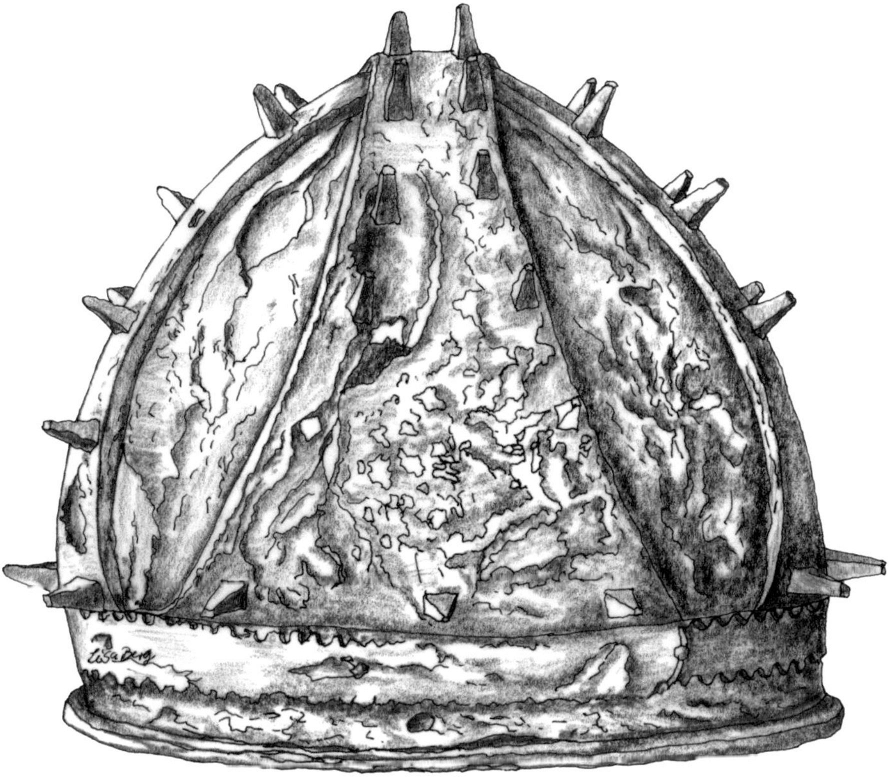

Der Bandspangenhelm von Bremen
Lisa Berg frei nach Abbildung aus J. Friesen - Einführung in Niedersachsens Urgeschichte 1939

das uralte Quitlingen (später Quedlinburg) lagen 16 Dörfer, in der Grafschaft Derenburg 6 und in der Grafschaft Mansfeld 16 Wüstungen, die gezählt wurden. Diese Völkergrenze entwickelte sich zur Dialektscheide, die bis heute blieb. Der Harz bildete in dieser Zeit ein Bollwerk, das ein weiteres Vordringen der über Elbe und Saale einflutenden Slaven verhinderte. Auch unter der Herrschaft der Franken, Thüringer und Sachsen blieb der Harz noch lange heidnisch. Daran änderten auch alle Missionsversuche der Franken wenig. Es ist zu behaupten, dass am und im Harz, länger als in allen anderen deutschen Landen, heidnische, das heißt germanische Bräuche, Traditionen und Zeremonien, fortlebten.

Dieser alte germanische Götterglaube im Harz ist bis ins 7. Jahrhundert, unter dem Thüringer König Dagobert (von 628 bis 638), allgegenwärtig. Zwei Harzburgen spielen in meinen folgenden Darlegungen eine entscheidende Rolle. Ich möchte derzeit dazu keine Position beziehen, den interessierten Leser aber informieren und ihm die Möglichkeit geben, sich sein eigenes Urteil zu bilden.

Dr. Heinz Ritter-Schaumburg (von 1902 bis 1994) war ein Philosoph und Privatgelehrter, der Medizin, Germanistik und Biologie studiert hatte und sieben Sprachen beherrschte. Ritter-Schaumburgs Lebenswerk war die interdisziplinäre Auseinandersetzung mit den Inhalten der Nibelungensaga und seiner skandinavischen beziehungsweise altnordischen Fassungen. Die Arbeiten und Forschungen von Ritter-Schaumburg wurden in zahlreichen Büchern veröffentlicht und stießen in der Fachwelt auf Unverständnis und Ablehnung. Ich habe seine Arbeiten gelesen, sie sind akribisch, wissenschaftlich fundiert und haben, bezüglich der Nordharzregion, durchaus Ansätze und Überlegungen, die nicht in „Gutsherrenmanier hinweg gewischt“ gehören. Solange seine Arbeiten nicht wissenschaftlich widerlegt worden sind, ist es nicht auszuschließen, das sich im 5. und 6. Jahrhundert in unseren Harzer Landen ein Teil dieser Geschichte von Siegfried, von Brünhild, von den Nibelungen, von Dietrich von Bern und seinen Rittern so ereignet hatte, wie es Dr. Ritter-Schaumburg in seinem Buch „Sigfrid ohne Tarnkappe“ dar-gelegt hat.

Das Nibelungenlied, wie wir es kennen, ist ein mittelalterliches Heldenepos, das um 1200 entstanden sein soll. Es wurde in der damals üblichen Volkssprache Mittelhochdeutsch aufgeschrieben. Historisch geht es zurück bis in die Zeit der Völkerwanderung. Ein historischer Kern der Sage ist die Zerschlagung des Burgundenreiches um das Jahr 436.

Die Burgunden, ursprünglich an der Oder beheimatet, kamen im Zuge der Völkerwanderung in das Rhein-Donau-Gebiet. Auch von dort wurden sie vertrieben. Unter ihrem König Gundahar (auch als Gundihar oder Guntiar überliefert) wurden sie 407 durch einen Vertrag mit dem römischen Usurpator Konstantin in der Provinz I in den Gebieten um Worms, Mainz und Alzey angesiedelt. Aber die Burgunden waren den Römern gegenüber nicht loyal, was dazu führte, dass der römische Heermeister Aetius mit Hilfe hunnischer Truppen das Burgundenreich vernichtete.

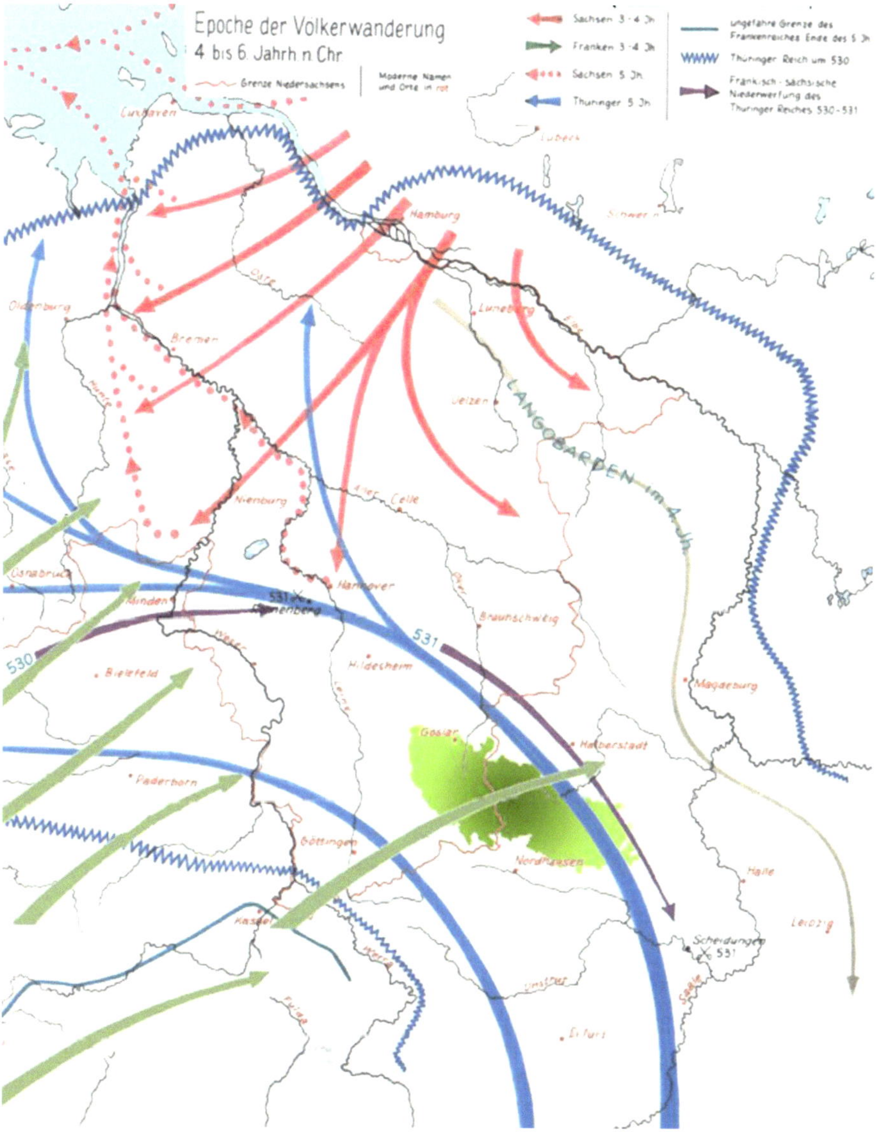

Lisa Berg nach Werner Kaemling „Atlas zur Geschichte Niedersachsens“ 1988

Weitere historische Ereignisse, die hier vermutlich eine Rolle spielen, sind der Streit im Haus der Merowinger zwischen Brunichild und Fredegunde sowie die Hochzeit zwischen Attila und der germanischen Fürstentochter Ildikó. Das Geschlecht der Merowinger stellte zur damaligen Zeit die Herrscherdynastien der Franken. Nun ist uns nur das Nibelungenepos aus dem 13. Jahrhundert bekannt. Die Sage ist aber auch außerhalb des deutschen Sprachraums in unterschiedlichsten Dichtungen nachzuweisen und überliefert: Atlilied, Edda, Dietrichsage (Thidrekssaga), Siegfriedlied, Völsunga-Saga und Sigurdlied, um nur einige zu nennen.

Ritter-Schaumburg hatte es sich zur „Lebensaufgabe" gemacht aus den Lichtgestalten der Sage und deren Mythos, die wahren geschichtlichen Zusammenhänge heraus zu kristallisieren. Bei seinen umfangreichen Forschungen stieß er auf eine nordische Fassung, die Thidrekssaga. Diese hebt sich von allen anderen in Deutschland und Skandinavien verbreiteten Sagen ab. In ihr wird, einer Chronik gleich, sorgsam und sachlich berichtet. Aber man verstand viele ihrer Aussagen nicht. Am undurchsichtigsten erschien folgende Stelle: „Die Nibelungen zogen nun immer ihres Wegs, bis sie an den Rhein kamen, da wo Duna und Rin zusammenfallen". Unter Duna verstand man Donau, da Donau und Rhein aber bekanntlich nicht zusammenfließen, wurde diese Stelle für sinnlos empfunden. Das war sie aber nicht.

Bei Dune handelt es sich nicht um die Donau im Süden, sondern um die Dhün, bei Leverkusen im Norden, die früher „Dune" hieß und in den Rhein mündete. Und so folgte Irrtum auf Irrtum, die von Ritter-Schaumburg aufgeklärt und richtiggestellt wurden. Die Thidrekssaga scheint ein sehr hohes Alter aufzuweisen. Sie scheint auf jeden Fall vor der Zeit Karls des Großen geschrieben worden zu sein, da sie auf einen Namensbestand verweist, der in späteren Jahrhunderten nicht mehr vorhanden war. Der Text der Thidrekssaga ist im Norden bewahrt worden, auch existieren Handabschriften. Die älteste Handschrift, als „Membrane" bezeichnet, liegt in der Königlichen Bibliothek in Stockholm. Nun gibt es neben diesen Fassungen noch eine verwandte altnordisch-isländische Handschrift, Svava genannt. Sie hat denselben Inhalt, der aber kürzer, sachlicher, prägnanter und ursprünglicher ist. Auf die Erzählung der Svava möcht ich hier nicht näher eingehen, die kann jeder Interessierte bei Ritter-Schaumburg nachlesen.

Nun kommen wir nach einem hoffentlich nicht zu langatmigen Vorspann zum Kern. Was haben die Nibelungen und ihre Hauptakteure mit der Harzregion zu tun? Über die Geburt des Helden Sigfrid, sein Aufwachsen sowie über die

Kindheit von Brünhild wird im Nibelungenlied nicht berichtet. Aber in der Svava!

Da war der Schmied „Mime“, der ein verlorenes Kind (Königskind) fand und es aufnahm. Mime war ein berühmter Schmied, der für Könige und Fürsten aus nah und fern schmiedete und da war der „Drache“ mit Namen Regen, der Mimes Bruder war. Mime wurde der Kraft des herangewachsenen Sigfrids nicht mehr Herr und beschloss ihn töten zu lassen, ohne dabei selbst in Verdacht zu geraten.

Von Regen sagt die Svava: *„Mime hatte einen Bruder, der Regen hieß. Er war beides, groß und übel. Deshalb benahm er sich schlimm; denn er war so sehr ein Gaugler: Zuletzt ward er ein Wurm, der schlimmste, den es geben konnte. Er tötete jeden Menschen, den er sieht, nur nicht den eigenen Bruder. Dem tat er nichts. Keiner wusste auch, wo er lag, außer Mime, seinem Bruder.“*

Wenn nun Regen Mimes Bruder war und sich auf Raub und Mord spezialisiert hatte und nur Mime wusste, das Regen auf einem Felsen lag, dem er den Gleichen Namen gab, kommt man auf ....Regenstein. Aber Regen konnte den furchtlosen und starken Sigfrid nicht besiegen. Er wurde selbst getötet! Sigfrids folgende Unverletzbarkeit ist natürlich nur eine Mär!

Es ist überliefert, dass das Geschlecht der Merowinger an einer seltenen Krankheit gelitten haben soll, die damals als „Eberschwarte“ und heute als Ichthyosis bezeichnet wird. War die angebliche unverletzliche Hornhaut Sigfrids, nach dem Bad im Wurmblut, eine Schutzbehauptung zur Verschleierung der Krankheit? Zur Geschichte Sigfrids gehört untrennbar die von Brünhild. Die Svava sagt zu Brünhild folgendes: „Vor dem Nordgebirge liegt ein Schloss, das Seegard heißt, das besaß die reiche Brünhild, die schöne und weise... Sie war eine mächtige Jungfrau. Ihr Vater und ihre Mutter waren tot. In einem Wald ganz nah dabei besaß sie ein großes Gehöft, darauf wirtschaftete ein Mann, der Studder hieß. Er war ein starker Mann. Dort hatte er sein Gestüt in demselben Walde. Dort zog man die besten Rosse auf, die waren alle silbern, grau und schwarz."

Die ältesten schriftlichen Aufzeichnungen stammen aus der Völkerwanderungszeit. Gegen Ende des 5. Jahrhunderts gab der Ostgotenkönig Theodorich der Große seine Schwester Amala dem Thüringerkönig Herminafrid zur Gemahlin. Dieser herrschte zu jener Zeit in unserer Region. Und der schenkte seinem „Schwager“ Theodorich eine Pferdeherde. Dafür bedankte sich der

Ostgote in einem Brief und rühmte die Pferde: Silbern in der Farbe, wie Hochzeitspferde sein sollten; kräftig und schön gebaut; schmalköpfig wie Hirsche, trotz ihrer Größe und Schwere; edel geformt und gefällig anzusehen; angenehm zu reiten und fähig, schnellen Trab über lange Entfernungen durchzuhalten. Dazu im Einklang stehen die zahlreichen Pferdebestattungen entlang des Nordharzes, die archäologisch der Völkerwanderungszeit zugeordnet werden. Der Schluss liegt nahe, die Zuchtplätze dieser Pferde im Harz zu suchen.

Und wie R. Wieries in „Wildengestüte in Norddeutschland, besonders im Harz" über die frühe Pferdezucht im Harz schreibt, wurden freiweidende Stuten als „Wilden" bezeichnet. Davon ableitend bezeichnen „Wilden"-Namen Örtlichkeiten an denen diese Stuten weideten und gezüchtet wurden. Noch heute gibt es östlich des Zusammenflusses von Warmer und Kalter Bode ein „Wildental" mit den Flurnamen „Wildenhagen" und „Schelenhof" (Paarungshof). Ein Schreiben an die Grafen von Stolberg aus dem Jahr 1687 führt den Ausdruck „Die Wilden" und das Bodegestüt in die Zeit der Sachsen zurück und weist somit auf das älteste nachweisbare Gestüt im Harz hin.

Nach Ritter-Schaumburg werden wir nun versuchen uns Klarheit darüber zu verschaffen, in welchem Raum die Thidrekssaga die Ereignisse ansiedelt, wo Sigfrid und Brünhild zu Hause waren. Nach dem Nibelungenlied ist Sigfrid mit dem Niederrhein verbunden. Das in der Thidrekssaga benannte Tarlungaland war aber dort nicht zu finden. Darum hat man daraus ein Karlungaland gemacht um es den Franken (Karl dem Großen) etwas näher zu bringen?

Tarlun-ga-land hat einen Gaunamen wie viele Gaue der karolingischen Zeit. Es könnte der Darlin-ga sein (der Wandel von u zu i ist dabei sprachwissenschaftlich ohne Bedeutung). Der Darlin-ga war aber ein Gau am Harz, der im Westen durch die Oker, im Osten von Drömling und Lappwald, im Süden vom Großen Bruch und im Norden vom Bardengau (Bertan-ga) begrenzt wurde. In diesem Gau lagen die ältesten bekannten Orte dieser Region, Schöningen und Schöppenstedt, später kamen Wolfenbüttel, Braunschweig und Wolfsburg dazu. Nach Süden wurde der Darlin-ga zu dieser Zeit vom Schwabengau begrenzt. Es wird von einem großen, menschenleeren Svavawald gesprochen – war das der Harz?

Die Svava sagt weiter: *„...vor dem Nordgebirge liegt ein Schloss, das Seegard heißt."*

Versucht man nun über die Bestimmungssilbe „See“ eine Ortsbestimmung vorzunehmen, scheint diese zum Scheitern bestimmt zu sein. Rund um den Harz gibt es Orte die mit dieser Bestimmungssilbe beginnen. Aber einen See gibt es nicht. Betrachten wir die Svava Aussage „vor dem Nordgebirge“ oder „nahe dem Nordgebirge liegt eine Burg“, so finden wir nur eine Burg die diese Beschreibung verdient – die Heimburg.

Auch zu Brünhilds, der Burg nahegelegenem Gestüt, lassen sich Ableitungen treffen die zum Nachdenken anregen. Ist doch bekannt, dass im Kloster Michaelstein beziehungsweise im zugehörigen Gutshof im Mittelalter Pferdezucht betrieben wurde. Warum nicht auch schon früher?

Schon Tacitus berichtet in Germania Kapitel 10 „von der Zucht von weißschimmernden Pferden in Hainen und Wäldern“. Auch von der Heimburg lassen sich einige Namen aus der Svava ableiten: „Heim der Kleine“, „Heim der Hochmütige“ und „Heim der Grimme“.

Auch der nahe gelegene Ort Minsleben, als sehr alte Siedlung bekannt, kann mit seinem Namen auf den Schmied verweisen, auch das Wasser der Holtemme kommt einem Schmiedestandort entgegen. In der unmittelbaren Umgebung von Minsleben wurden auch zahlreiche Eisenschlackefunde gemacht, die auf eine sehr frühe Eisenverarbeitung hinweisen. Angeblich soll auch ein Rennfeuerofen gefunden worden sein. Stand auch die große Anzahl von Rennfeueröfen, die in Marsleben bei Quedlinburg ausgegraben wurden und die ein umfangreiches Schmiedehandwerk nahelegen, damit in Verbindung?

Kommen wir nun zum Drachen (Lindwurm) – oder wie in der Svava zum Bösewicht und des Schmieds Mimes Bruder mit Namen Regen. Unweit der Heimburg und unweit von Minsleben, in etwa 10 Kilometer Luftlinie entfernt, liegt ein großer Sandsteinfelsen, der Regen-Stein.

Viele Dutzend Erklärungen für diesen Namen „Regenstein“ gibt es. Keiner davon ist wirklich schlüssig. Erwiesen ist, dass dieser Felsen seit Urzeiten von Menschen als Kultplatz genutzt wurde. Und hat der Namen nicht eine frappierende Ähnlichkeit mit dem Namen des Bösewichts der Svava „Regen“. Ist dies alles nur purer Zufall? Die Zufälle gehen weiter! 5 Kilometer von Minsleben entfernt gab es einmal einen heute wüsten Ort mit Namen Sigefrideshuson. Es bleibt eine weitere wichtige Frage, die nach dem Namen der Burg Seegard. Sieht man sich die kartographischen Aufzeichnungen von heute und aus vergangenen Jahrhunderten an, kommt man zu folgendem Schluss: Der Goldbach fließt durch dieses Gebiet. Er durchfließt zwei größere Mulden, der natürliche Abfluss war sehr klein. Somit könnten dort einmal zwei größere Seen existiert haben, die nur verlandet sind weil der Mensch den Abfluss verbreiterte. Das könnte den Namen Seegard erklären.

Und selbst der Name Brünhild fehlt in der Überlieferung nicht. Die Roßtrappensage lautet: *„Auf einem Kriegszug kam der wilde Böhmenkönig Bodo hierher und entflammte in unerwiderter Liebe zur Tochter des Riesenfürsten Brunihidis. ......“*

Auch die in der Saga benannten Orte Drachenkopf und Drachenloch sind in der unmittelbaren Umgebung in alten Karten verzeichnet und auch heute noch auffindbar.

Verschaffen wir uns einen kurzen Überblick:

Es finden sich in dieser Gegend viele Örtlichkeiten zusammen, die mit der Thidrekssaga und seiner Brünhild-Sigfrid-Überlieferung in Beziehung gesetzt werden können. Alle in der Sage genannten Orte liegen, im nördlichen Harzvorland, dicht zusammen. Der Darlingau, der Schwabengau, das Gebirge (Svavawald) – die Heimburg, das 7 Kilometer entfernte Minsleben, der Regenstein, das Drachenloch und der Drachenkopf – alles liegt in einem Umkreis von 10 Kilometern.

Soll dass alles Zufall sein?

Dr. Ritter-Schaumburg ist seit 1994 tot, aber der Schleier der Unwissenheit hat sich bis heute nicht gelüftet. Im Gegenteil: Durch die Ausgrabungen an der Trasse der B6n, die diese Region durchquert, sind Funde gemacht worden, die Ritter-Schaumburgs Thesen eher stützen als stürzen. Aber ich verfolge eine heiße Spur, die Burg Seegard betreffend. Denn es könnte sein, dass diese Burg mit der seit Jahrhunderten gesuchten Hoohseoburg, der durch Karlmann und Pippin zerstörten sächsische Volksburg, in Verbindung gebracht werden kann oder sogar identisch ist. Das aber braucht Zeit und langen Atem und vielleicht habe ich bis zur Fertigstellung meines Folgebandes schon neue Erkenntnisse zu vermelden.

Im Jahr 1874 war in Hornhausen bei Oschersleben ein Bauer beim Pflügen seiner Felder. Plötzlich krachte es und der Pflug steckte fest, er hatte sich zwischen großen Sandsteinen verkeilt. Der Bauer hatte große Bruchstücke eines Sandsteinreliefs gefunden, die Bestandteil einer Grabanlage aus dem 7. Jahrhundert waren. Bekannt und von großer Bedeutung ist von dieser Fundstelle der sogenannte Reiterstein. Er hat die Abmessungen 78 x 66 Zentimetern und stellt einen bärtigen Reiter mit Hose, Tunika, Lanze, Schwert und Rund-schild dar.

Deersheim ist eine landwirtschaftlich geprägte Gemeinde bei Osterwieck, die während der deutschen Teilung in unmittelbarer Grenznähe lag. Da dort Industrieansiedlungen nicht gewollt waren, entschloss man sich Anfang der 1960er Jahre, hier einen Geflügelzuchtbetrieb zu errichten. Der Archäologie war bekannt, dass in unmittelbarer Nähe des Baugebietes am Grandberg ein neolithischer Grabhügel existierte. Diesem Umstand sind wohl die Grabungen des damaligen Museums Halle zu verdanken. Es war sicher eine Sternstunde für die Archäologen, denn sie fanden ein Gräberfeld der Völkerwanderungszeit mit 49 Gräbern. Die 32 Körpergräber waren bereits ausgeraubt. Auch die 17 älteren Brandgräber waren schon geplündert, Schwerter und Schmuck waren entnommen. Es war augenscheinlich, dort waren wohlhabende Menschen bestattet – es war ein „Fürstengrab“. Die Grabräuber hatten aber einmalige Goldschmiedearbeiten übersehen, die geborgen werden konnten: ein Paar Scheibenfibeln, mehrere goldene Zaumzeugbeschläge, zwei Silberlöffel sowie weitere Goldschmiedearbeiten, Hohlglasgefäße und römische Münzen.

In den 1930er Jahren wuchs das Stahl und Walzwerk in Hettstedt unaufhörlich. Die Folge waren ständige, umfangreiche Bauarbeiten. Bei Erdarbeiten in Großörner, in unmittelbarer Nähe des heutigen Walzwerkhaupteingangs, stieß man unvermutet auf zahlreiche Knochen. Das Museum Halle nahm sich der Sache an und führte Grabungen durch. Man hatte eine Adelsnekropole des Thüringerreiches aus der Völkerwanderungszeit gefunden. Umfangreiche Grabbeilagen wie Gold- und Silberschmuck, eine Lanze, ein Ango und eine Axt wurden geborgen. Der bedeutendste Fund aber war eine goldene Pferdetrense, wohl eine der kostbarsten aus der Völkerwanderungszeit, die je gefunden wurde.

Ein Fund soll auf keinen Fall unterschlagen werden, auch wenn er nicht direkt aus der Harzregion stammt. Aber Stößen bei Naumburg ist soweit ja auch nicht entfernt. Im Jahr 1907 wurde dort ein umfangreiches Gräberfeld, das anscheinend über fast zwei Jahrhunderte von den Thüringern belegt wurde, gefunden. Die Ausgrabungen in der Lehmgrube einer Ziegelei zogen sich mehrere Jahrzehnte hin. Der spektakulärste Fund war ein vergoldeter Spangenhelm, der in einem Fürstengrab mit zahlreichen andern wertvollen Beigaben geborgen wurde. Auch zahlreiche hochwertige Waffen wurden gefunden. Der ehemalige Helmträger wird als Angehöriger des Thüringer Königshauses angesehen.

Abschließend zur Völkerwanderungszeit möchte ich noch einige Anmerkungen zur Psychologie der Harzbewohner machen, denn mit dem beginnenden Mittelalter kamen die viele Jahrhunderte andauernden Wanderungen der Völker aus den eurasischen und afrikanischen Kontinenten zum Stoppen. Die Völker hatten ihren Siedlungsraum gefunden, dem sie im Wesentlichen bis heute treu blieben.

Wie US-Evolutionsforscher herausfinden konnte, waren Furcht und Angst entscheidende Charaktereigenschaften unserer Urahnen, die entscheidend zum Überleben beitrugen. Die Wissenschaftler gehen davon aus, dass die Weltbevölkerung heute nur noch aus den Nachfahren der Vorsichtigen und Ängstlichen besteht, denn die allzu mutigen und furchtlosen haben es oftmals nicht geschafft so lange zu leben, bis sie ihre Gene für die nächste Generation gesichert hatten. Es konnte auch ein Nord-Süd-Gefälle ausgemacht werden. Der Psychiater Borwin Bandelow von der Universität Göttingen geht davon aus, dass sich die Herausbildung dieser Charaktere entscheidend mit den klimatischen Bedingungen einhergeht. So hat sich bei den Nordvölkern zwangsweise eine Sicherheit- und Vorsorgementalität entwickelt. Die beruht darauf, dass in nördlichen Breiten, also auch in unserer Harzregion, für das Winterhalbjahr Vorsorge getroffen werden musste, wollte der Mensch überleben. Es mussten Nahrungsvorräte angelegt und witterungsbeständige Behausungen erbaut werden, es musste Brennmaterial bevorratet und warme Kleidung hergestellt werden. All dies erfordert vorausschauendes Denken und Handeln. Die in warmen Regionen mit tropischem, subtropischem oder mediterranem Klima lebenden Völker hatten diese Sorge nicht, sie konnten unbekümmerter leben. Somit gehen die Evolutionsbiologen davon aus, dass die Vorsicht nicht „die Mutter der Porzellankiste“ ist und auch nicht die vielzitierte Charaktereigenschaft der Deutschen. Angst, Furcht und Vorsicht sind wohl eher nordische Eigenschaften, die uns helfen zu überleben. Zuviel davon ist allerdings auch kontraproduktiv.

Harzer Bergbau und Montanarchäologie

Der Bergbau hat den Harz und seine Randgebiete grundlegend geprägt. Dabei spielten insbesondere die Metalle eine bedeutende Rolle, denn nicht von ungefähr sind ganze Zeitepochen nach ihnen benannt worden. Ich sehe es daher als erforderlich an, diesem speziellen Kapitel der Harzgeschichte einen eigenen Beitrag zu widmen.

Es ist noch nicht lange her, da wurde der Beginn des Harzer Bergbaus auf die zweite Hälfte des 10. Jahrhunderts datiert. Das Jahr 968 war das magische Jahr, in dem gemäß Widukind von Corvey's Chronik erstmalig die Entdeckung einer Silberader unter Otto I. am Rammelsberg historisch festgehalten wurde. Fortan wurde diese Jahreszahl als Beginn des Harzer Bergbaus genannt. Da die historischen Quellen für die Zeit davor schweigen, blieb es der Archäologie vorbehalten weiterführende Erkenntnisse zum Harzer Bergbau zu liefern.

Ein entscheidender Hinweis, der alle bis dato geltenden Thesen zu widerlegen begann, kam Ende der 1970er Jahre von dem Ortchronisten des Dorfes Düna bei Osterode, Gustav Bierkamp. Der hatte Geländeanomalien nahe dem kleinen Ort bei Osterode entdeckt und diese als eine alte Vorgängersiedlung des heutigen Düna gedeutet, das erstmals im Jahr 1286 genannt wurde. Nachdem sich die Archäologen im Jahr 1981 diesem, als Weide dienendem, Grundstück angenommen hatten, wurde schnell klar, dass Bierkamp Recht hatte. Zu diesem Zeitpunkt war aber nicht abzusehen, dass aus dieser Testgrabung eine folgenreiche archäologische Grabung werden sollte, die für die gesamte Harzregion das Geschichtsbild verändern sollte. Was keiner ahnte wurde Realität, während der insgesamt fünf Jahre dauernden Grabungen wurde ein frühmittelalterlicher Herrensitz freigelegt. Die eigentliche Sensation aber waren die ausgegrabenen Hinterlassenschaften zur Metallgewinnung und Verarbeitung von Harzer Erzen, die bis in das erste vorchristliche Jahrhundert hinein datiert werden konnten, also etwa eintausend Jahre früher als bisher angenommen. Diese kleine Sensation, die sich nur schwer gegen die fundamentierte Lehrmeinung durchsetzen konnte, gab der Harzer Montanarchäologie aber entscheidende neue Impulse.

Bisher sah man den Harz bis ins Hochmittelalter als natürliche Bastion an, die auf Grund seiner Unwirtlichkeit eine Völkerscheide und Kultursperre bildete. Erst nach den montanarchäologischen Erkenntnissen von Düna begannen sich neue Denkansätze herauszubilden. Neolithische Funde aus dem Gebirge, die seit Beginn der Archäologie als Wissenschaft gemacht wurden, bekamen einen anderen Stellenwert und wurden anders interpretiert.

Schmelzofen zur Blei- und Silbergewinnung im Harz ca. 700 n. Chr.

im Querschnitt

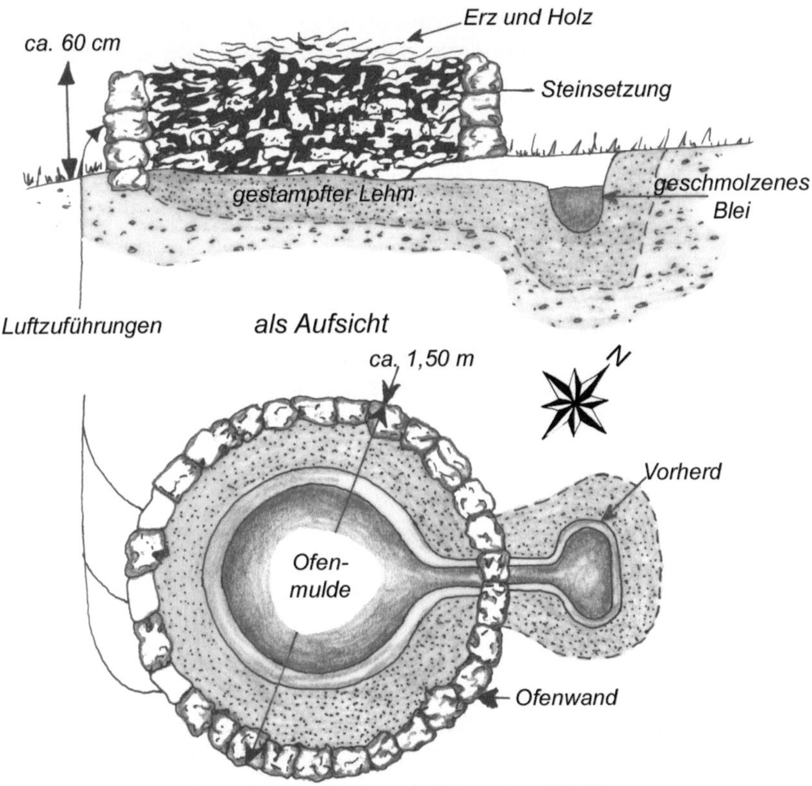

gezeichnet von Lisa Berg (frei nach Tylecote, 1976)

Wissenschaftliche Untersuchungen in anderen europäischen und besonders auch süddeutschen Mittelgebirgslandschaften stehen dabei im gleichen Erkenntnishorizont, wie die Harzer Erkenntnisse. Es kann daher heute als unstrittig gelten, dass die Hochlagen des Harzes nicht nur zu jagdlichen und kultischen Zwecken bereits im Neolithikum genutzt wurden, sondern dass diese Region seit der Sesshaftigkeit und der damit in direktem Zusammenhang stehenden Viehzucht, zumindest saisonal aufgesucht und genutzt wurde. Zahlreiche moderne Prospektionsmethoden kamen dabei zum Einsatz, von denen besonders die Pollenanalyse der Moorgebiete hervorzuheben ist. Bei fast allen Pollendiagrammen ist dabei der menschliche Einfluss auf die Vegetation zu beobachten und es lässt für das Neolithikum den Schluss zu, dass in den Hochlagen Viehzucht und Weidewirtschaft betrieben wurden. Weiterhin kann auf Grund zahlreicher Funde, davon ausgegangen werden, dass gezielt in den Harzer Höhenlagen nach seltenen, für Werkzeuge geeignete Mineralvorkommen gesucht wurde.

Raseneisenstein (www.wikipedia.de)

Durch die Funde von Düna begann sich plötzlich der Schleier der Montangeschichte im Harz zu öffnen. Und allen Beteiligten wurde klar, diese Erkenntnisse würden auch die Geschichte des Harzes grundlegend revolutionieren. Ab dem Jahr 1985 widmete sich das Niedersächsische Landesamt für Denkmalpflege der Erforschung der Montanrelikte im Harz intensiver. Gefördert durch die Volkswagen-Stiftung, wurde dann im Jahr 1992 eine Forschungsstelle für Montanarchäologie in Goslar, am Rammelsberg, gegründet. Heute arbeiten dort Wissenschaftler der verschiedensten Disziplinen mit den Archäologen zusammen, die alle ein gemeinsames Ziel haben – die frühe Geschichte des Harzes zu untersuchen. Viele neue, ja bahnbrechende Erkenntnisse wurden so in den letzten fünfundzwanzig Jahren gewonnen, die die Vorgeschichte des Harzes in ein ganz neues Licht rücken.

Dabei wird ein besonderes Augenmerk auf die Spuren des „Alten Mannes“ gelegt. Darunter versteht man im Montanwesen allgemein verlassene, verfallene Gruben und ausgeerzte Gangbereiche, im Harz aber im Besonderen Spuren des um das Jahr 1349 erloschenen alten Bergbaus. Aus diesen für den Laien völlig unspektakulären Spuren lassen sich für die Montanarchäologie wichtige Zusammenhänge erschließen. Erzlagerstätten gab es im gesamten Harzgebiet zahlreiche. Doch auch schon zu Zeiten des „Alten Mannes“ war eine gewisse verkehrstechnische Erschließung des Abbaugebiets erforderlich, denn das Erz musste ausgeschmolzen werden und dazu war Holz beziehungsweise Holzkohle erforderlich. Meist brachte man das Erz zur Energie, wo sich dann auch die Schmelzplätze befanden und das waren nicht wenige: Nach derzeitigen Erkenntnissen geht man allein im niedersächsischen Harz von über achthundert Verhüttungsplätzen aus, was hochgerechnet auf den ganzen Harz etwa zweitausendfünfhundert ergeben dürfte. Durch modernste Analyseverfahren lassen sich heute die Herkunft der Stammerze und deren Verbreitung exakt bestimmen.

Auch war bis vor wenigen Jahren die geltende Lehrmeinung, dass zwar Eisen schon bis etwa 500 vor Christus in der Harzregion gewonnen wurde, Nichteisenmetalle in der Harzregion aber erst seit dem Ende des 1. Jahrtausends abgebaut wurden. Die früher gefundenen Bunt- und Edelmetalle sprach man den Handelsaktivitäten zu. Heute müssen wir uns nicht mehr auf Vermutungen stützen, denn es gibt Beweise für die vorgeschichtliche Buntmetallgewinnung im Gebirge. Zwar hatten es die Menschen mit ihren Arbeitsgeräten und Werkzeugen in der Bronzezeit noch nicht nötig Erzlagerstätten unter Tage abzubauen, aber es gab oberflächennahe Vorkommen von Kupfererzen im Überfluss. Dieses Gestein konnte an Hand seiner Farbe von den bronzezeitlichen „Bergmännern“ erkannt und somit gezielt gesucht und gewonnen werden. Mit der Radiokarbondatierung konnte erstmals ein Kupferschmelzplatz vom Spitzenberg bei Bad Harzburg auf Zeit um 1.000 vor Christus datiert werden. Rillenschlägel aus Oberschulenberg sowie vom Rammelsberg bei Goslar können wohl als entsprechende Indizien ebenfalls der Bronzezeit zugesprochen werden. Es gibt begründete Annahmen, verschiedene bronzene Grabbeilagen aus dem Harzer Umfeld der Harzer Buntmetallverhüttung dieser Zeit zuzuordnen.

Auch die Annahme, dass der Harz während der Bronze- und Eisenzeit von den großräumigen europäischen Handelswegen abgeschnitten war, lässt sich nicht länger halten.

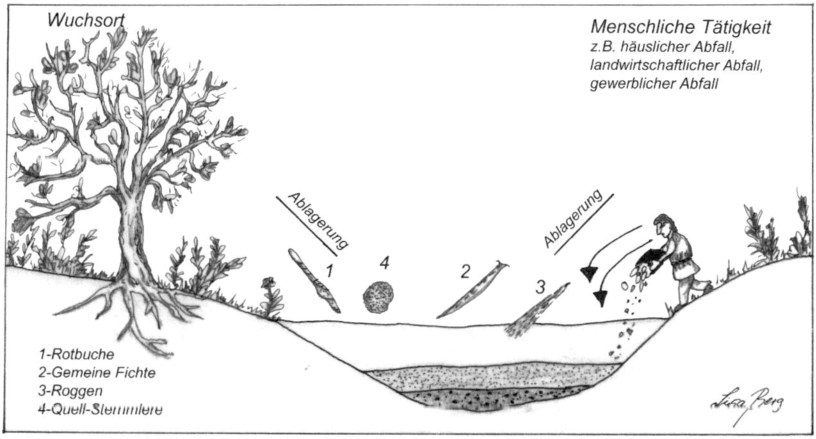

Vegetationsänderung unter dem Einfluss des Menschen
Lisa Berg frei nach Abb. aus: "Schätze des Harzes von der Spätantike bis ins Hohe Mittelalter"

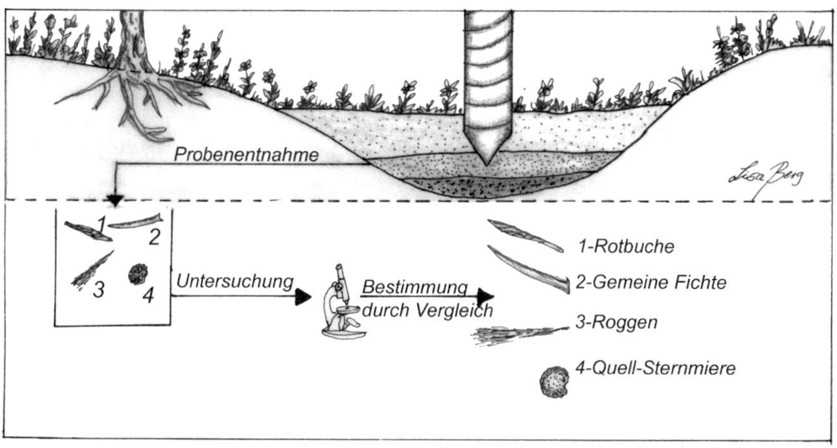

Botanische Untersuchungen - Pflanzenreste im Boden
Lisa Berg frei nach Abb. aus: "Schätze des Harzes von der Spätantike bis ins Hohe Mittelalter"

Insbesondere die Südharzer Region der Pipinsburg, von der wir so wenig geschichtliche Quellen haben, scheint eine bedeutende Rolle in dieser Zeit gespielt zu haben, wie uns das umfangreiche Fundaufkommen zeigt. Auch konnten inzwischen einige Handelswege aus dieser Zeit als solche verifiziert werden. So der „Fastweg“, ein Höhenweg, der über Pöhlde in Richtung Katlenburg führt und der gesäumt ist von großen Grabhügeln aus jener Zeit. Und neueste archäologisch/metallurgische Untersuchungen liefern den endgültigen Nachweis, dass bereits um 1000 vor Christus, also in der Bronzezeit, die Harzer Buntmetalllagerstätten ebenso genutzt wurden wie die viel bekannteren alpinen Lagerstätten!

Bezüglich dieser neuen, das Geschichtsbild des Harzes vollkommen verändernden Erkenntnisse, stellt sich die allgemeine und grundsätzliche Frage nach dem wann, wie und warum des Bergbaus. Klar ist, die steinzeitlichen Menschen wurden nicht von göttlichen Eingebungen geleitet nach Erzen zu suchen und diese zu verhütten. Aber die Götter und der Naturgötterglaube waren sicher die entscheidenden Antriebsfedern. Schon vor 60.000 Jahren wurde in Ungarn, am Plattensee, in Gruben Rotocker abgebaut. Anfangs diente dieser auf Eisenoxid basierende Farbstoff für Bestattungs-, Jagd- und Kultrituale, denn dieses Rot signalisierte Blut und somit Leben. Das wann haben wir geklärt, bleibt das Wie und Warum!

Die ältesten bekannten Metallbearbeitungen stammen aus Kleinasien und sind etwa 9.000 Jahre alt. Es waren elementar vorkommende, gediegene Metalle wie Gold, Silber und Kupfer, die man fand und bearbeitete und dabei einfache Technologien entwickelte. Da die Menschen bald den Nutzen von Metallen und vor allem die soziale Wirkung erkannten, bekamen sie einen ständig steigenden Wert zugeschrieben, was die Menschen veranlasste, gezielt nach diesen Metallen zu suchen und die Technologien weiter zu entwickeln. Die Menschen, die diese Techniken kannten und anwendeten, standen über den anderen, es begann ein Wettlauf nach Metallen, da sie zu Ansehen und Wohlstand führten. So entstand vielleicht das erste „Besitzstreben“ der Menschheitsgeschichte, denn noch war der Mensch nicht sesshaft und besaß daher kein Land. Metalle waren nützlich, wertvoll, sie konnten nicht wie Lebensmittel verderben und wie Tiere oder Gefangene sterben und sie waren verhältnismäßig einfach zu transportieren. Metalle revolutionierten das menschliche Leben. Demzufolge waren sicher seit der Jungsteinzeit überall in Eurasien „Fachleute“ unterwegs, die nach Vorkommen dieser begehrten Metalle suchten. Es ist daher nicht anzunehmen, dass der Harz von dieser frühen Suche ausgeschlossen blieb. Das der Harz gesegnet war mit diesen Erzvorkommen, wird sich auch damals schon verbreitet und Menschen angezogen haben.

Vielleicht ist diese Theorie auch eine Erklärung für die Ansiedlung der vielen verschiedenen Völker in der Harzregion, die aus allen Richtungen kamen und damit auch immer neues Wissen brachten und einführten.

Ähnlich den Thesen des Harzer Bergbaus waren über lange Zeit auch die Thesen um das rechtsrheinische Vordringen der Römer festgefahren. Es gibt zwar zahlreiche Sagen und Mythen rund um den Harz, die sich auf die Anwesenheit der Römer und Caesars beziehen, die Wissenschaft aber verneinte selbige strikt. Heute wissen wir, durch die Funde von Hedemünden und vom Harzhorn, die Römer waren sehr wohl in der Harzregion zugegen und ich bin überzeugt, sie wussten auch um die Erze. Nachdem die Römer als Auswirkung der Varusschlacht auf die Errichtung rechtsrheinischer Provinzen verzichtet hatten, kann man aber trotzdem von ausgeprägten Handelsbeziehungen zu den germanischen Völkern ausgehen.

Zu allen Zeiten, bis heute, wurden Eroberungskriege um Rohstoffressourcen geführt. Es kann daher davon ausgegangen werden, dass dieser Aspekt auch für die Franken bei der Eroberung des Thüringerreiches und später für die Unterwerfung der Sachsen eine Rolle spielte. Nachdem auch diese Hochkultur, wie zuvor auch die Römer, die weltgeschichtliche Bühne verlassen hatte, traten an deren Stelle die Sachsen. Mit den sächsischen Königen und Kaisern begann dann die erste Hochphase des Harzer Bergbaus, die wir historisch fassen können. Quedlinburg und Goslar entstanden, ebenso die Königspfalzen rund um den Harz und der Harz war über einhundert Jahre das Zentrum des Heiligen Römischen Reiches und spielte weitere zweihundert Jahre eine bedeutende Rolle im Kaiserreich. Die Bergwerke und Hütten des Harzes waren Königseigentum und sie begründeten Macht und Reichtum des Königshauses. Dann aber brachten um das Jahr 1350 schwere Pestepidemien den Harzer Bergbau für zirka einhundert Jahre fast vollständig zum Erliegen.

Natürlich gibt es auch spektakulärere Funde, die dem Bild gängiger archäologischer Fundspektren entsprechen. Ein kleines Beispiel davon möchte ich Ihnen nachfolgend schildern.

Im Jahr 1990 wurde an einer frühen Bergbausiedlung am „Johanneser Kurhaus“ mit Ausgrabungen begonnen. Gefunden wurde unter anderem eine Grube, die als Schmiedeherd oder Esse gedient hatte. Die Grube mit den Längen- und Breitenmaßen von etwa 100 mal 50 Zentimetern war komplett mit plattigen Steinen ausgelegt, auf denen sorgfältig angeordnet eine Anzahl von Eisengeräten lag. Eisenringe, Bandeisen, Kettenteile, Hufeisen, Wagenbeschläge, Hacke und Bergeisen waren beschädigt, wie sich herausstellte und wohl zur Reparatur abgegeben worden. Auch Scherben wurden gefunden, wohl der „Kochtopf“ des Schmieds, die sich zu einem vollständigen Gefäß zusammensetzen ließen. Bei genaueren Untersuchungen fanden Botaniker bei der Untersuchung der Holzkohleschicht des Schmiedeherds Spuren von Kardamon sowie Weintraubenkerne. Aber welche Bewandtnis hatten die Hinterlassenschaften dieses Bergschmieds, die dem frühen 13. Jahrhundert zugeordnet werden – was können sie uns erzählen? Aus der Fundsituation und den Indizien ließ sich folgender Ablauf rekonstruieren: Der Bergschmied hatte die Glut in seiner Esse entfacht, die zu reparierenden Eisenteile sorgfältig im Schmiedefeuer platziert und wollte vor der Arbeit noch ein Mahl nehmen. Dazu kam es aber offensichtlich nicht mehr! Der Schmied wurde gestört, wobei sein Krug in den Schmiedeherd fiel und zerschellte, wobei sich die Speise über das Schmiedefeuer verteilte und verkohlte. Der Schmied musste seine Schmiede verlassen und kam nie zurück. Da keine Schmiedewerkzeuge gefunden wurden, ist anzunehmen, dass er gewaltsam mitsamt seiner Werkzeuge mit-genommen, das heißt wohl „entführt“ wurde.

Insgesamt kann das Fazit gezogen werden, dass der Bergbau den Harz über dreitausend Jahre geprägt hat, wie kein anderer Faktor. Teilweise war der Harz das größte Bergbaugebiet Europas und im Mittelalter entwickelte sich durch Bergbau und Hüttenwesen sowie weiterführende Gewerke eine vorindustrielle Infrastruktur, die den Harz nachhaltig bis heute prägt. Die bisherigen Forschungen machen deutlich, dass der Harz auf Grund seiner einzigartigen Erhaltungsbedingungen ein archäologisches Archiv darstellt, wie kaum eine andere Landschaft Deutschlands, das es zu erhalten und zu erforschen gilt!

Der Harz in Jahreszahlen vor 600

12-9 vor Chr.	– erste schriftliche Aufzeichnungen durch den Römischen Chronisten Plinius über den nord- und mitteldeutschen Raum: römische Legionen erreichten unter Drusus über die Nordsee die Elbmündung
2 vor Chr.	– die Römer stoßen unter Tiberius bis zur Elbe vor
um Christi Geburt	– Fichten beginnen den Hochharz zu besiedeln
5 nach Chr.	– blutige Kämpfe der Römer mit den Langobarden an der Elbmündung und der Unterelbe
9	– Varusschlacht – Sieg der germanischen Stämme unter den Cheruskerfürsten Arminius über die Römischen Legionen
16	– die Legionen des Germanicus bestatten die Toten der Varusschlacht, es kommt zu blutigen Kämpfen mit den germanischen Stämmen vom Wesergebiet bis zur Elbe
70	– es herrscht sehr große Dürre, die Flüsse in Germanien trocknen aus
98	– der römische Geschichtsschreiber Ticiatus gibt in seinem geografisch-ethnologischen Werk „Germania" erste schriftlich Aufschlüsse über das Leben und die damals herrschenden Zustände in Germanien
um 150	– der römische Geograf und Kartograf Ptolemäus benennt in seiner „Germania Magna" zahlreiche Örtlichkeiten im freien Germanien
375	– Beginn der Geschichtsepoche Völkerwanderungszeit / der Hunnensturm bricht über Europa herein
395	– Teilung des Römischen Reiches in ein oströmisches und ein weströmisches Reich
400	– Alarich führt die Westgoten nach Italien

406 – suebische Stämme aus der Region zogen über den Rhein und siedelten sich auf der Iberischen Halbinsel an

407 - 409 – die Vandalen, die von den Hunnen vertrieben wurden, zogen plündernd durch Gallien

439 – die Vandalen eroberten Karthago und gründeten das Vandalenreich

451 – Hunnenkönig Attila wird auf den Katalaunischen Feldern geschlagen

479 – laut Sage wurde von Ritter Hatebold die Burg Regenstein errichtet

486 – beseitigen die Franken die verbliebenen Reste des Römischen Reiches in Gallien

491 – begannen die Franken ihren Feldzug gegen die Thüringer

500 – Chlodwig gründet das Frankenreich

532 – erste Erwähnung von Schwenda im Harzgau

568 – zogen Langobarden und Sachsen zu einem Feldzug gegen die Römer nach Italien

570 – Gründung von Hausneindorf bei Quedlinburg

Tafel zur räumlichen Struktur des Kosmos:

Diese gesamte entwicklungsgeschichtliche Chronologie, dargestellt in Milliarden und Millionen Jahren, ist so abstrakt für unser menschliches Gehirn, dass wir sie zu meist lesen wie eine schlechte Bedienanleitung, gelesen bzw. überflogen, aber immer wieder genötigt nachzulesen

Ich habe die Erfahrung gemacht, dass eine Darstellung der räumlichen Struktur des Kosmos, nach dem von mir sehr verehrten Wissenschaftler C. F. von Weizsäcker, da einige Erleichterung schaffen kann.

Auch wenn die folgende Tafel wenig mit der Geschichte des Harzes gemein hat, wird sie doch für das Verständnis von Raum und Zeit eine Brücke schlagen.

10^{27}	1000 Mio. Lichtjahre (Lj.)	hypothetischer Radius der Welt von 3 Milliarden Lj.
10^{26}	100 Mio. Lichtjahre	fernste beobachtete Kosmosnebel etwa 500 Mio. Lj.
10^{25}	10 Mio. Lichtjahre	kosmische Nebelnester
10^{24}	1 Mio. Lichtjahre	Entfernung des Andromedanebel ca. 0,7 Mio. Lj.
10^{23}	100.000 Lj.	Milchstraße längs
10^{22}	10.000 Lj.	Milchstraße quer
10^{19}	10 Lj.	Sirius - 9 Lj.
10^{18}	1 Lj.	Alpha Centauri 4 Lj.
10^{14}	1000 Mio. km	Sonne - Neptun 4.500 Mio.km
10^{13}	100 Mio. km	Sonne - Erde 150 Mio. km
10^{11}	1 Mio. km	Durchmesser der Sonne - 1,4 Mio.km
10^{10}	100.000 km	Erde- Mond – 400.000 km
10^{9}	10.000 km	Durchmesser Erde
10^{8}	1000 km	max. Länge Deutschlands
10^{7}	100 km	Entfernung Hannover-Göttingen
10^{6}	10 km	Durchmesser einer deutschen Großstadt
10^{5}	1 km	Durchmesser einer deutschen Kleinstadt
10^{4}	100 m	größte Bäume , Radiowellen
10^{3}	10 m	größte Tiere - Wal ca. 40 m
10^{2}	1 m	Mensch - Durchschnitt 1,70 m
10	0,1 m	10 cm Singvogel
	1 cm	Fingernagel, UKW-Frequenz

10^{-1}	1mm	Regentropfen
10^{-2}	0,1mm	Nebeltropfen; Ultrarot
10^{-3}	0,01 mm	Dunsttropfen
10^{-4}	0,0041 mm (4,1 μ)	Bakterien; sichtbares Licht

Erdgeschichtliche Tabelle

Erdzeitalter				Wichtige Gesteine im Harz und Harzvorland (ausgewählte Beispiele)	Beginn vor Mio. J.
Känozoikum (Neozoikum; Erdneuzeit)	Quartär		Holzän (Nacheiszeit) Pleistozän (Eiszeitalter)		2,3
	Tertiär	Jung-Tertiär	Pliozän Miozän		25
		Alt-Tertiär	Oligozän Eozän Paläozän		67
Mesozoikum	Kreide	Ober-Kreide	Maastricht Campan Santon Coniac Turon Cenoman	Plänerkalkfolge im nördl. Harzvorland	100
		Unter-Kreide	Alb Apt Barréme Hauterive Valendis Berrias	Hilssandstein im nördl. Harzvorland	140
		Ober-Jura	Tithon	Kalksteinfolge am Langenberg/ Eisenerze der	

(Erd- Mittelalter)	Jura	(„Weißer" Jura, Malm)	Kimmeridge Oxford	ehem. Grube Hansa	160
		Mittel-Jura („Brauner" Jura, Dogger)	Callovium Bathonium Bajocium Aalen		185
		Unter-Jura („Schwarzer" Jura, Lias)	Toarcium Pliensbach Sinemurium Hettangium	Eisenerze der ehem. Grube Friederike	210
	Trias	Ober-Trias	Keuper	Keuper der ehem. Ziegeleigrube Osterfeld bei Goslar	230
		Mittel-Trias	Muschelkalk		243
		Unter-Trias	Buntsandstein	Rogenstein (u.a. am Harli-Berg)	250
Paläozoikum (Erdaltertum)	Perm	Ober-Perm	Zechstein	Anhydrit, Gips, Dolomit am Südharzrand	260
		Mittel-Perm	Rotliegendes	Rote Konglomerat- u. Sandsteinfolge am Südharzrand	300
		Unter-Perm			
	Karbon	Ober-Karbon	Stephan	Oberharzer Erzgänge, Oker- und Brockengranit	
			Westfal		
			Narnur	Im Harz fehlend	330
		Unter-Karbon	Ap-rath — Visé	Posidonien-Schiefer u. Grauwackenfolge, Kulm-Kalk	
			Erd- Bach — Visé / Tour- nai	Erdbacher Kalk, Kieselschiefer, Quarzit	
			Balve — Tour- nai	Liegender Alaunschiefer	360

	Devon	Ober-Devon	Wocklum Dasberg Hemberg Nehden	Famenne	Cypridinen-Schiefer, Kramenzelkalkfolge,	370
			Adorf	Frasium	Riffkalk, Kellwasserkalk	375
		Mittel-Devon	Givet		Kalksteinfolge, Tonschiefer, Eisenerze	385
			Eifel		Rammelsberger Erze, Diabas Wissenbacher Schiefer *Calceola* Schiefer Obere *speciosus* Schichten	390
		Unter-Devon	Ems		Untere *speciosus* Schichten	
			Siegen			
			Gedinne			410
	Silurium				Graptolithen-Schiefer bei Bad Lauterberg	440
	Ordovizium				Älteste Sedimentgesteine in der Wippraer Zone	
Paläozoikum (Erdaltertum)	Kambrium					545
	Präkambrium					4500

Mit freundlicher Genehmigung: Carsten Brauckmann, Lutger Feldmann, Elke Gröning, Kurt Mengel, Rainer Müller, Alfred K. Schuster & Karl W. Strauß

Literaturverzeichis

-Band 16/ R-G Zentralmuseum Main, Führer vor- und frühgeschichtliche Denkmäler Göttingen-Verlag Philipp von Zabern, Mainz, 1970 Band 17 /R-G Zentralmuseum Mainz
-Führer vor- und frühgeschichtliche Denkmäler SW Harzvorland, 2X-Verlag Philipp von Zabern, Mainz, 1970
-Band 35/R-G Zentralmuseum Mainz, Führer vor- und frühgeschichtlicher Denkmäler Goslar, Harzburg, Verlag Philipp von Zabern, Mainz,1979
-Behrens, Hermann, Mitteldeutsche Vorgeschichte Band 63, Deutscher Verlag der Wissenschaften, Berlin, 1981
-Behrens, Hermann, Ausgrabungen und Funde in der DDR Band 10 Heft 1, Akademie-Verlag-Berlin, 1965
-Berger, Dr. Frank, Römisches Geld - gefunden in Niedersachsen, Verlag August Lax, Hildesheim, 1986
-Bock, Hartmut / Fritsch, Barbara / Mittag, Lothar, Großsteingräber der Altmark, Landesamt D&A Sachsen-Anhalt, 2006
-Bölsche, Wilhelm, Das Leben der Urwelt, Verlag von Georg Dollheimer, Leipzig, 1932
-Borchers, Erich, Sprach- und Gründungsgeschichte Oberharz, N. G. Elwert'sche Verlagsbuchhandlung, Marburg, 1929
-Brockhaus Nachschlagewerk Geologie, Die Entwicklungsgeschichte der Erde, F. A. Brockhaus Verlag Leipzig, 1981
-Claus, Martin, Archäologie im Südwestlichen Harzvorland, Verlag August Lax, Hildesheim, 1978
-Cosack, Dr. Erhard Leténezeitliche Fundhorizonte, 2007
-Daniel, Prof. Glyn, Enzyklopädie der Archäologie, Manfred Pawlak Verlag , Herrsching, 1980
-Dörrenberg, O., Römerspuren und Römerkriege im NW-Deutschland, Dieterische Verlagsbuchhandlung Leipzig, 1909
-Die Kunde, Zeitschrift für Ur- und Frühgeschichte/ Niedersächsischer Landesverein für Urgeschichte und Abteilung Urgeschichte des Niedersächsischen Landesmuseums Hannover, Jahrgänge 1985 bis 2005
-Dresely, Veit / Meller, Harald, Lebenswege - Archäologie an der B6n, Landesamt für Denkmalpflege SA, 2005
-Ebner, Dr. Eduard, Geschichte des Altertums, Carl Koch Verlag, Nürnberg, 1927
-Engel, Carl, Vorzeit an der Mittelelbe, Verlag August Hopfer, Burg, 1930
-Fischer-Fabian, Siegfried, Die ersten Deutschen, Droemer Knaur Verlag, 1975
-Fr. Günther, Der Harz - Monographien zur Erdkunde, Verlag von Velhagen & Klasing, 1924
-Friedrich, Susanne; Köpken, Silke Maria; Kunze, Christian; Meller, Harald; Blödorn, Judith; Prilloff, Ralf-Jürgen; Müller, Cornelia; Fahr, Jochen; Pacak, Peter; Döhle, Hans-Jürgen, Archäologie am Kalkteich in Latdorf, Landesamt für D&A Sachsen-Anhalt, 2008
-Graichen, Gisela / Hillrichs, Hans Helmut, C 14 Vorstoß in die Vergangenheit, C. Bertelsmann Verlag, 1992
-Griep, Hans-Günther, Ausgrabungen und Bodenfunde im Stadtgebiet von Goslar, Eigenverlag Geschichtsverein Goslar, 1973
-Grupp, Dr. Georg, Die untergehende heidnische Kultur der römischen Kaiserzeit, F. H. Kerle Verlag, Heidelberg, 1921
-Hagen, Dr. Rolf, Römische Funde aus Nordniedersachsen, Selbstverlag Braunschweiger Landesmuseum, 1979
-Haller, Prof. Dr. Dr. Johannes, Der Eintritt der Germanen in die Geschichte, Walter de Grunter & Co Verlag, 1944
-Hamm, Dr. F., Naturkundliche Chronik Nordwestdeutschlands, Landbuch Verlag GmbH, Hannover, 1976
-Hamm, Dr. Fritz , Einführung in Niedersachsens Erdgeschichte, August Lax Verlagsbuchhandlung, Hildesheim, 1938
-Häßler, Hans-Jürgen, Ur- und Frühgeschichte in Niedersachsen, Nikol Verlagsgesellschaft, Hamburg, 2002
-Hauptmeyer, Carl-Hans, Niedersachsen Landesgeschichte, Isensee Verlag, Oldenburg, 2004
-Heckmann, Hermann Sachsen-Anhalt /Historische Landeskunde, Verlag Weidlich Würzburg, 1991
-Hemprich, August, Der vorgeschichtliche Mensch im Harzgau Nr.11/12 Museumsverlag Halberstadt, 1932
-Hemprich, August, Der Vorgeschichtliche Mensch im Harzgau Nr.21/22 Museumsverlag Halberstadt, 1937
-Hemprich, August, Die Naturdenkmäler des Harzgaus Nr. 9/10, Museumsverlag Halberstadt, 1931
-Hemprich, August, Wie unser Heimatboden entstand Nr.7/8 2XX, Museumsverlag Halberstadt, 1930
-Herrmann, Joachim, Archäologie in der DDR /Denkmale und Funde/2 /Fundorte, Urania Verlag Leipzig, 1989
-Hessler, Prof. Dr. Wolfgang, Mitteldeutsche Gaue des frühen und hohen Mittelalters Akademie-Verlag-Berlin,1957
-Honemann, Rudolph Leopold, Die Altertümer des Harzes / Reprint von 1754, geruckt by Johann Heinrich Wendeborn, 1754
-Jacob-Friesen, Prof. Dr. K.H., Einführung in Niedersachsens Urgeschichte, August Lax Verlagsbuchhandlung, Hildesheim, 1939
-Kaemling, Werner, Atlas zur Geschichte Niedersachsens, Gerd J. Holtzmeyer Verlag, Braunschweig, 1988
-Kirchner, Werner, Parthenopolis - Aussagen über Magdeburg, Verlag August Hopfer, Burg, 1931

-Kleinberg, Marx, Knobloch, Lelgemann, Germania und die Insel Thule, Wissenschaftliche Buchgesellschaft, Darmstadt, 2010
-Knappe, Dr. Hartmut / Tröger, Dr. Karl-Armin, Geschichte von den neun Meeren, Eigenverlag Harzmuseum, Wernigerode, 1988
-Koepp, Friedrich, Varusschlacht und Aliso mit Verzeichnis aller Schriften bis 1909, Aschendorffsche Verlagsbuchhandlung, Münster, 1940
-Kurowski, Franz, Schwertgenossen Sahsnotas - die Geschichte der Sachsen, Türmer Verlag, Berg, 1986
-Laser, Rudolf, Römische Funde zwischen Thüringen und Ostsee Nr.1032, Insel Verlag, Leipzig 1979
-Lauer, Henry A., Archäologische Wanderungen in Ostniedersachsen, Selbstverlag des Verfassers, 1979
-Leerhoff, Heiko, Niedersachsen in alten Karten Wachholtz Verlag Neumünster, 1985
-Lewin-Dorsch, Hannah, Die Technik in der Urzeit, Verlag von I. H. W. Dietz Nachf., Stuttgart, 1912
-Maier, Franz Georg, Neue Wege in die alte Welt - Methoden der Archäologie, Hoffmann und Campe Verlag Hamburg, 1977
-Mildenberger, Prof. Dr. Gerhard, Mitteldeutschlands Ur- und Frühgeschichte, Johann Ambrosius Barth Verlag, Leipzig, 1959
-Mohr, Dr. Kurt, 400 Millionen Jahre / Harzgeschichte, Piepersche Verlag Clausthal-Zellerfeld, 1973
-Mühe, A., Bad Gandersheim Geschichte, Eigenverlag Kurverwaltung Bad Gandersheim, 1950
-Riebartsch, Erich, Geschichte des Bistums Hildesheim von 815-1024, Bernward Verlag , Hildesheim, 1985
-Ritter-Schaumburg, Dr. Heinz, Sigfrid ohne Tarnkappe, F. A. Herbig Verlag, München 1990
-Ritter-Schaumburg, Dr. Heinz, Die Nibelungen zogen nordwärts, F.A. Herbig Verlag, München, 1984
-Sadee, Emil, Römer und Germanen, Hermann Paetel Verlag, Berlin, 1911
-Schmidt-Thielbeer, Erika, Vor Jahrtausenden im Köthener Land, Eigenverlag Stadt Köthen, 1977
-Schnath, Georg, Vom Sachsenstamm zum Lande Niedersachsen, Eigenverlag Land Niedersachsen, 1966
-Schulze, Dr. Robert, Die jüngere Steinzeit im Köthener Land, Selbstverlag des Verfassers, 1930
-Schumann, Dr. Gottlob, Die Missionsgeschichte des Harzgebietes, Verlag der Buchhandlung des Waisenhauses, Halle, 1869
-Schwantes, G., Deutschlands Urgeschichte, Verlag von Quelle & Meyer, Leipzig, 1921
-Schwarz, Ralf, Pilotstudien - Luftbildarchäologie in Sachsen-Anhalt, Landesamt für Archäologie SA, 2003
-Straubel, Irene, Spengler Museum, Eigenverlag Spengler Museum, Sangerhausen, 1982
-Thielemann, Otto, Urgeschichte am Nordharz, Selbstverlag Geschichtsverein Goslar, 1977
-Unser Harz, Harzzeitschrift alle Jahrgänge
-Unverzagt, Wilhelm, Ausgrabungen und Funde in der DDR Band 4, Akademie-Verlag-Berlin, 1959
-Unverzagt, Wilhelm, Ausgrabungen und Funde in der DDR Band 5 Heft 1, Akademie-Verlag-Berlin, 1960
-Unverzagt, Wilhelm, Ausgrabungen und Funde in der DDR Band 1 Heft 5, Akademie-Verlag-Berlin, 1956
-von Uslar, Rafael, Die Germanen vom 1.bis 4.Jahrhundert, Verlag Klett-Cotta, Stuttgart, 1980
-Wilhelmi, Klemens, Ausgrabungen in Niedersachsen 1979-84, Konrad Theiss Verlag, Stuttgart, 1985
-Woyte, Dr. Curt, Antike Quellen zur Geschichte der Germanen, R. Voigtländer Verlag, Leipzig, 1913
-Zander, Otto, Historische Streifzüge durch den Westharz, Verlag Otto Zander, Herzberg/Harz, 1974
-Zeitschrift des Harzvereins für Geschichte und Altertum alle Jahrgänge seit 1867

Weitere Bücher aus unserem Hause

Sagen, Mythen und Legenden aus dem Harz - Band 1-3

Mythen, Sagen und Legenden prägen den Harz wie kaum etwas anderes, wir begegnen ihnen auf Schritt und Tritt. Wir haben sie gesammelt, ihnen ein modernes Kleid geschneidert und sie farbig illustriert um sie zu erhalten und weiter zu überliefern. Denn leider sind Erzählstunden nicht mehr all zu modern.

Band 1:Paperbagausgabe: ISBN: 978-3-8391-2712-4
Hardcoverausgabe: ISBN 978-3-8391-2850-3
Band 2:Paperbagausgabe: ISBN: 978-3-8370-5893-2
Hardcoverausgabe: ISBN: 978-3-8370-5893-2
Band 3:Paperbagausgabe: ISBN: 978-3- 8423-3958-3
Hardcoverausgabe: ISBN: 978-3- 8423-3486-1

Schultze und Müller im Harz

Wilhelm Scholz (1824-1893) war ein bekannter und begnadeter deutscher Zeichner, Karikaturist und Humorist des 19. Jahrhunderts. begnadeten Künstler aber nicht reduzieren, denn er war auch brillanter humoristischer Reiseschriftsteller. Darum haben wir eines seiner Werke, „Schultze und Müller im Harz", neu aufgelegt.

Paperbagausgabe: ISBN: 978-3-8391-4902-7

Burgen und Schlösser der Harzregion

Das Autorenteam möchte versuchen, Ihnen mit diesem Buch diese von Mystik umwehten Relikte einer längst vergangen Zeit näher zu bringen. In einzigartiger Weise haben wir geschichtliche Fakten mit detaillierten Grundriss- und Rekonstruktionszeichnungen sowie historischen Stichen und Zeichnungen verknüpft.

Hardcoverausgabe: ISBN: 978-3-8391-8878-1
Paperbagausgabe: ISBN: 978-3-8423-3947-7

Die Mär von Reineke dem Fuchs

Wir haben versucht, das Image der alten, verstaubten Fabel abzustreifen und Reineke dem Fuchs mit einer modernen Version neues Leben einzuhauchen. Wir hoffen, dass wir mit unserem modernisierten Text und den gleichfalls modernisierten Illustrationen ihren Geschmack getroffen haben.

Gebundene Ausgabe:
ISBN: 978-3-3842-3062-71
Taschenbuch:
ISBN: 978-3-8423-3001-6

Luise und andere Jagdgeschichten

Mit lockerer, frischer Schreibe, die sehr unterhaltsam ist, macht uns Alldag zu Zeugen einiger seiner zahlreichen Begegnungen mit Land, Leuten, Natur und natürlich dem Wild. Seine Geschichten zeugen von fachlichem Wissen und Jagdverstand, sie zeigen uns aber auch mit welcher Liebe zur Natur, zu den Menschen und zum Leben der Autor seiner Passion nachgeht.

Paperbagausgabe:
ISBN: 978-3-8391-8491-2